Fontanes Wanderungen
durch die
Mark Brandenburg

MICHAEL RUETZ

Fontanes Wanderungen durch die Mark Brandenburg

parkland

Mit einem Vorwort von Wolf Jobst Siedler

ISBN 3-88059-606-9
Lizenzausgabe 1991 für Parkland Verlag, Stuttgart

Umschlag und Typographie: Klaus Detjen
Textauswahl: Erica Ruetz
Reproduktionen: ABC Klischee Albert Bauer KG, Hamburg
Satz: Nagel Fototype GmbH, Berlin
Druck: Druckerei Ernst Uhl, Radolfzell
Bindung: Kösel, Kempten

Dieses Buch ist dem Andenken an den
Verleger Christoph Schlotterer (1937–1986)
gewidmet.

Wanderungen zwischen Oder und Nirgendwo

Jedes Land hat die Landschaft seiner Seele. Für Frankreich war das am Ende über Burgund hinaus die Île de France, Inbegriff der Süße Frankreichs noch für die Impressionisten. Was für Italien die Toskana ist, war wohl für England noch mehr als Wiltshire die hüglige Landschaft von Kent und Sussex; hier ist England am englischsten, auch für die eigenen Bewohner. Deutschland war viel, masurische Wälder und Alpenvorland, Schneekoppe und Kurisches Haff, aber auf seinen Begriff kam das Land wohl doch in der Mitte. Mehr noch als Schwaben und Franken ist Thüringen deutsches Herzland, Sängerstreit und Musenhof, sechshundert Jahre dazwischen.

Brandenburg war dagegen etwas für die Brandenburger, die Mark war das Arkadien der Berliner. Die touristische Welt hat alles Gewesene umgestürzt und die Traumziele von gestern vereinsamen lassen, Scheveningen wie Bad Gastein. Nun fährt man in Regionen, die man früher eher mied, durchglühte Küstenstriche, Bergplateaus weit über der Baumgrenze, tropische Landstriche, wo die Bücher schimmeln, die aber ohnehin niemand im Koffer hat im Zeichen der Sonnenölkultur. Europa ist umgestülpt, es hätte des Krieges nicht bedurft.

Die Mark war nie Reiseland, vorgestern nicht und gestern nicht, der Stacheldraht hat da nicht viel geändert. Schon die Zahl der Betten in den alten Gasthöfen – Kießlings *Wanderbuch für die Mark Brandenburg und angrenzende Gebiete,* elfte Auflage, bearbeitet von Prof. Dr. E. Albrecht, 1917, zählt sie samt Sommerfrischen und Waldschänken säuberlich auf – macht offenbar, daß niemand dieses Land mit der Schweiz verwechselt hat oder auch nur mit Österreich. Ein Vierwaldstätter See war der Kalksee nicht gerade, auch wenn da, an der Rüdersdorfer Schleuse, Fontane mehr als einmal Ferien machte, schon weil das Geld für Biarritz oder Rapallo nicht reichte. Auch sonst wäre niemand auf den Gedanken gekommen, etwa aus Köln oder München zum Rheinsberger See zu reisen, nur weil da der junge Friedrich mit Gondelfahrten zu Flötenspiel seine watteauschen Träume in die Wirklichkeit geholt hatte.

Unverachtet, aber unbeachtet war die Mark; sie mußte aus der Geschichte kommen, um in das Gemüt einzuziehen. Nun steht sie für viel Untergegangenes, nicht nur für sich selber. Was östlich von ihr lag und südlich, Ostpreußen und Schlesien, ist nur mit Mühe noch zu bereisen, wenn überhaupt. Formalitäten beim Grenzübertritt, Hotelbesorgungen Wochen vor dem Aufbruch; fährt man durch beide Deutschlands in die versunkene Welt, muß man Transitpapiere haben. Ist man da, findet man sich nicht zurecht, weil niemand die Ortsschilder lesen kann, denn nun heißt ja Hirschberg Jelenia Góra und Allenstein Olsztyn. Königsberg heißt Kaliningrad, aber da kann ohnehin niemand hin, sowjetisches Sperrgebiet. Der eisfreie Kriegshafen, den Rußland so lange haben wollte, eigentlich wohl immer.

Aber Brandenburg ist noch da, auch wenn es jetzt diesen Namen nicht mehr trägt, wie ja auch Sachsen nicht mehr Sachsen ist und Mecklenburg nicht mehr Mecklenburg. Das war schon zuviel Erinnerung an Vergangenheit, und so schaffte man die Länder ab und machte Bezirke daraus nach sowjetischem Vorbild. Aber das Land ist da mit den alten Städten zwischen Stendal und Fürstenwalde, wenn auch niemand mehr weiß, daß hier 1373 Markgraf Otto der Faule aus ständiger Geldverlegenheit die ganze Mark an Karl IV. verkaufte, den böhmischen König in Prag, der dann deutscher Kaiser war.

Selbst die Reiseführer des anderen Staates, gleich geschichtslos geworden wie die unseren, haben keine

Ahnung mehr, daß Fürstenwalde im fünfzehnten und sechzehnten Jahrhundert eines der geistigen Zentren des Landes war, weil die Bischöfe von Fürstenwalde die gelehrten Berater der Kurfürsten waren. Sogar Universität ist der Flecken, der jetzt nahe der östlichen Staatsgrenze liegt, einmal gewesen, wie Helmstedt gleich jenseits der östlichen Staatsgrenze auch. Das aber lag an der Pest, die im nahen Frankfurt wütete.

Geschichte, wohin man tritt, und gar nicht so unverächtliche. Es lohnte schon, die Mark auch heute noch zu durchwandern, auch wenn die Zwanzigjährigen aus dem glücklicheren Teil des Landes in Siena mehr zu Hause sind als in Potsdam oder mit Arles vertrauter als mit Rheinsberg. Soll man es ihnen verdenken?

Für alte Knöppe, wie Fontane sagte, gehört sich das aber nicht, und man fährt in das Land der Herkunft.

So geht es dann also in das alte Brandenburg; weißer Sand, glitzernde Wasser, rote Kieferstämme. Niemand hat es beachtet, als es noch Brandenburg war, die Streusandbüchse des Römischen Reiches. Preußen mußte es werden, damit Faszination von ihm ausging, zum Guten oder zum Bösen. Aber Preußen war der König, war die Armee, war die Beamtenschaft und dann natürlich die Idee, die alles zusammenhielt. Das Territorium selber war ziemlich unergiebig, nicht nur in ästhetischer, sondern auch in ökonomischer Hinsicht. Ein bißchen Magdeburger Börde und etwas Gleiwitzer Hütte, das war alles; sonst Rüben, Gerste und Roggen.

Fontane mußte kommen, diesen Boden ans Licht zu ziehen, das der Geschichte und das des Gefühls. Plötzlich, kurz bevor alles zu Ende ging, war das Land wieder, auch im Sprachgebrauch, was es gewesen war, bevor es Preußen wurde: die Mark.

Mark Brandenburg war Altmark und Neumark, die jetzt polnische Woiwodschaft ist, obwohl sie doch nur einen Steinwurf weit jenseits der Oder liegt. Rein schönheitlich ist es nicht so weit her damit, man muß hier zu Hause sein, daß sich einem das Herz öffnet beim Anblick der Birkenwälder und Föhrenhügel zum Spreewald hinunter oder zur Schorfheide hinauf, wo erst die Hohenzollern ihren Jagdsitz hatten und nun die Staatsratsvorsitzenden. Unscheinbar das paar Dutzend Häuser von Ribbeck, für das einen bei Lichte besehen vor allem der Birnbaum einnimmt, der hier im Havelland stand.

Keine Geranien wachsen die Hauswände hinunter, Flaschen umrahmen die Beete, auf denen nicht viel blüht. Aber selbst auf dem Schloß des Dubslav säumten ja leere Glaszylinder die Auffahrt und erinnerten den Alten an die Gefährlichkeit des heraufziehenden Zeitalters der Chemie.

Eingeschossige Häuser, mehr Katen als Bauernhöfe, staubige oder sumpfige Straßen, die Nebengebäude oft genug mit Teerpappe gedeckt, mit dem Dorfanger hat es nicht viel auf sich, Schwäne wie in Schleswig-Holstein schwimmen nicht gerade darauf. Pauvre war alles, selbst die Gutshäuser, die meistens weit davon entfernt waren, Schlösser zu sein, auch wenn sie von den Leuten natürlich so genannt wurden. Drei gute Ernten, damit man die Scheune decken lassen kann, sagten die Standesgenossen zwischen dem Fränkischen und dem Westfälischen über das Land zwischen Spree und Oder, da sie doch selber auf wirklichen Schlössern und Wasserburgen saßen.

In die Mark zu heiraten, hieß nicht gerade Karriere machen; die Dohnas wären nie auf den Gedanken gekommen und die Donnersmarcks schon gar nicht; da verschwägerten sich die Dönhoffs doch lieber mit dem polnischen Adel und die Finckensteins mit dem baltischen. Bei den Stackelbergs und den von der Sacken-Ostens herrschten andere Verhältnisse als sie zwischen Barnim und Flemming zu Hause waren.

Fährt man wirklich noch durch das alte Land, wenn man den Weg von Prenzlau nach Neuruppin nimmt oder den von Fürstenwalde nach Treuenbrietzen? Aber daran ist nichts, dies ist jetzt eine andere Welt, durch die man fährt. Es ist ja nicht einmal der Flickenteppich der Felder geblieben mit dem Weidengestrüpp und den Haselnußhecken, die die Gemarkungen markierten; mitunter waren es nur Pflugfurchen, die die Äcker trennten. Jetzt ist alles Agrarwirtschaft auf ehemaligem Bauernland, die Felderwirtschaft abgelöst durch Produktionskombinate.

Wandert man über den Boden, der einmal die Grafschaft Ruppin oder das Ländchen Friesack hieß, so sieht man gegen den weiten Himmel noch die einsamen Baumgruppen, vielhundertjährige Linden oder Buchen, durchlaubte Kronen, bemooste Wurzeln. Dann steigt die Erinnerung auf, daß sich so Gutsland früher schon von weitem zu erkennen gab, kein Bauer hätte ja auf die Einnahme aus dem Verkauf von ein paar hundert Klaftern härtesten Holzes verzichtet.

Nur wäßrige Stämme ließ man am Bachbett stehen, Weiden und Pappeln, die brachten ohnehin nicht viel.

Aber wo sind die Gutshäuser, die im Schatten der alten Riesen standen, denn noch das bescheidenste Haus hatte ja seine baumumstandene Wiese, die man selber lächelnd den »Park« nannte. Nichts ist mehr da, Wildnis wird von den alten Bäumen umstanden, überall hat man die Häuser abgetragen, in Reitwein im Oderbruch zum Beispiel das der Burgsdorffs, das dann in der Mitte des vorigen Jahrhunderts die Finckensteins gekauft hatten, als deren Besitz in Ostpreußen an die Dohnas ging.

Erst hatte man ein Altersheim daraus gemacht, aber dann störte der alte Kasten, in dem das berühmte Bild Friedrichs als Kind hing, von Pesne. Da hat man es dann eben niedergerissen, sogar ganz ohne Vorwand. Die dreihundertjährigen Steine ließen sich nicht vermauern. Als alles beseitigt war, füllte der Schutt eine Senkung unweit des Dorfangers. Das alte Schloß, nun Bruch geworden, verstopft ein Loch im hohen Norden.

In Werder gab es fünf Wasserlokale nebeneinander, sozial gegliedert für Ruderboote, Jollen und Yachten, und dann natürlich die Gartenrestaurants für die Ausflügler, die zur Obstbaumblüte mit dem Dampfer aus Potsdam kamen oder aus Berlin, Havel, Spree und Hohenzollernkanal entlang. Von all dem blieb ein einziges HO-Restaurant. Auch die »Rutsche« fehlt, die einst von der Höhe hinunter fast bis zu den Gleisen der »Blütenzüge« führte, der alten Bahn mit den »Abteilwaggons«, wo einige Abteile Stroh für die Betrunkenen hatten. Nach dem Erdbeer- und Johannisbeerwein trugen ja so manchen die Füße nicht mehr in die steil abfallende Tiefe, wo unten die Züge nach Berlin gingen.

Nun ist Werder Produktionsgenossenschaft, keine Kremser kommen mehr wie zu Fontanes Zeiten, kein Tanz unter Girlanden im Festsaal, kaum noch Havelfischer, vielleicht der Wasserverschmutzung wegen, gesamtdeutsches Schicksal.

Aber das Land ist noch da, wie einst nehmen den Besucher die baumlosen Ortschaften gefangen, durch die zumeist Kopfsteinpflaster führt, nur hier und da sind allzu tiefe Schlaglöcher mit Teer ausgegossen. Immer noch liegen die alten Kähne im Schilf, das man hier meist Binsen nennt. Das Wasser schwappt darin, denn immer ist da ein Leck, die Schute muß leergeschöpft werden wie in Kinderzeiten.

Tiefer Ernst liegt über dem Wasser, Einsamkeit und Stille an seinen Ufern. Dies sind melancholische Seen, was wohl von den Kiefern kommt, die sie schwarz umstehen. Selten spiegelt sich Helles darin, Tegernsee und Chiemsee sind weit. Aber überall Fernsichten, keine Berge verstellen den Horizont, malerisch ist gerade die Abwesenheit des Pittoresken. Kein Zwiebelturm, der heiter in die Ferne winkt, karge Feldsteinmauern, die Glockentürme sind meist von später, aus Backstein oder aus Holz.

Pathetische Landschaften gibt es und heroische, San Gimignano und Carcassone halten dafür Beispiele bereit. Wo sind die Urbilder der klassischen Gefilde, wie sie Lorrain malte und dann die Deutschen, Philipp Hackert und Joseph Anton Koch? Die Ideallandschaft der Goethezeit nahm sich ihre Elemente von überall her, aber das Extreme vermied sie, die schroffen Felsenstürze ebenso wie das Konturlose zwischen Balaton und Camargue. Alles mußte Maß haben, die Berge nicht bedrohlich, die Wasser nicht stürzend, das Dickicht nicht unergründlich.

Ist das so ganz weit von dem, was das Land zu bieten hat, das einmal die Mitte Deutschlands war, denn jenseits der Oder ging es ja in die Weite des Ostens über und diesseits der Elbe begann schon bald das Karolingerland? Auch die Mark hat ihre Lieblichkeit, hier und da könnte man sie sogar idyllisch nennen. Überall begrenzen Baumpartien die Fernsicht, keine Neusiedlerseen, die ins Flache gebettet sind. Eiszeitliche Ablagerungen wellen das Land, milde Hügel, eigentlich Dünen, umstehen fast jeden See, vom Schermützelsee beim Barnim bis zum Schwielow im Havelländischen Luch. Überall aber Kiefern, Birken, Weiden, die Zweige hängen ins Wasser, auf dem aber nur Enten sind.

Es ist die Rahmung, die dem doch eher Unauffälligen einen Gemäldecharakter gibt – die Mauern der Propstei hier, die Baumgruppe dort, dazwischen das stille Wasser. Begreiflich ist schon, daß man sich aus der Ferne hierher zurücksehnte, Humboldt wie Rauch, als beide zusammen mit Canova und Thorvaldsen in der Via Sistina saßen, nicht weit von der Piazza Spagna.

Den Neckar des Nordens nannte Fontane die Havel und hatte wohl das Südliche im Auge, das auch Stendal vor diesen Ufern an den Lago Maggiore denken ließ.

Hackert, Goethes Idealmaler, verbrachte zwar ein halbes Leben im Süden und zeichnete Küsten, Pinien und Säulen; aber er kam von hier, aus Prenzlau in der Mark, und das Land der Seele mischte sich ihm mit dem Boden des Herkommens.

Kolonistenland ist das alte Brandenburg, den Heiden und der Wildnis abgewonnen, das Römerland hinter dem Limes liegt weit. Aber man soll es auch nicht übertreiben, so ganz von gestern ist es auch nicht. Überall schimmert das zwölfte und dreizehnte Jahrhundert durch das Preußische hindurch, und hinter Askanier-Steinen und Hohenzollern-Mauern wird die Epoche des Deutschen Ordens und der Hanse sichtbar.

Wo die Mark am preußischsten ist, fällt es am meisten in die Augen: der Klassizismus ist die Tünche auf dem alten Land, auch hier ist immer schon etwas vorausgegangen. Man muß nur zu sehen verstehen, auch mit der Erinnerung, nicht nur mit den Augen.

In Paretz zum Beispiel, dem Lieblingssitz Friedrich Wilhelms und Luises, die Havel schimmert durch die Bäume herauf, wird ein barockes Gutshaus in ein klassizistisches Landhaus von einer so biederen Nüchternheit verwandelt, daß es selbst Fontane zu weit ging. Die Feldsteinkirche aus der Ordenszeit gleich nebenan brachte der ältere Gilly mit ein paar Handgriffen aus dem Gotischen ins Griechische, wenn auch im Spielzeugformat. Die Königsloge, »Königsstuhl« genannt, mißt drei mal vier Meter, das Maß einer Leutestube. An der Westwand hängt noch Schadows Relief für die tote Königin mit der ungelenken Trauer des Spruchs: »Den 19. Juli 1810 vertauschte sie die irdische Krone mit der himmlischen.« Natürlich ist die Tafel aus Ton, für Marmor oder Bronze hatte man nach Jena und Auerstedt sowieso keine Mittel.

So geht es allerorten in der Mark zu, überall ist das Klassische aufgepfropft aufs Brandenburgische, nicht nur in Neuhardenberg, wo das Schloß des Fürstkanzlers auf die barocken Grundmauern des friderizianischen Gutshauses gestellt wurde. Sein altes Gutshaus Glienicke hatte Hardenberg dafür an Prinz Carl, den Sohn des Königs, verkauft. Schinkel machte daraus das Juwel des Klassizismus, das neue Klein-Glienicke.

Ist es irgendwo anders? Erinnern bei Humboldts Tegel die dummen Rundtürme nicht an das alte Gemäuer, das hier zur Residenz des Humanismus umgebaut wurde? Das Königshaus sparte am meisten. Als Friedrich Wilhelm III. 1825 seinem ältesten Sohn im Park von Sanssouci ein Gelände schenkte, ließ sich der Kronprinz ein altes Bauernhaus zu einer italienischen Villa umbauen, das Miniaturschlößchen Charlottenhof von der halben Größe eines Dithmarscher Bauernhofes.

Man soll auch nicht immer nur an Gilly, Schinkel, Persius und Stüler denken und in der Mark nichts als das Humanistische suchen. Das Klassisch-Ästhetische ist ja überall dem Christlich-Poetischen aufgepfropft, und durchwandert man die stillen Landstädte und die alten Kirchhöfe, so triumphiert für das Gefühl nicht selten die alte Welt über die neue. Der geheimnisvolle Zauber des Schwermütigen trägt dann den Sieg davon über die Schinkel-Chose, die überall Tempel aus Thessalien in die Uckermark verpflanzt und selbst dem Molkenhaus die Gestalt einer Basilika gibt.

Was ist es, das jede Begegnung mit den anderen Deutschen zu einer so bewegenden Sache macht? Kommt das Gefühl daraus, daß sie so viel mehr Deutsche sind als wir, oder rührt ganz im Gegenteil die Betroffenheit daher, daß jenes andere Frankfurt an der Oder Kalisch schon näher ist als der Zwillingsstadt am Main? Trifft man Freunde oder begegnet man Fremden, so fühlt man sich ihnen nahe verwandt. Aber spielt da nicht auch ein wenig die Empfindung hinein, die jene Amerikaner deutscher Herkunft hatten, als sie nach dem Untergang der Gewaltherrschaft in das Land der Vorväter kamen? Ja, wir sind ihr, und ihr gleicht uns, aber doch in einer Manier, wo es die Nähe ist, die die Fremdheit offenbar macht.

Alles Zufälle, solche der Politik und solche der Geographie. Drei alte Männer sitzen in Jalta und Teheran und zeichnen auf einem Schulatlas Linien. Ein halbes Jahrhundert später bewegt die Enkel die Frage, wie es wohl gekommen wäre, wenn damals der rote Strich drei Zentimeter weiter nach Westen gezogen worden wäre und Erfurt plötzlich ununterscheidbar von Passau wäre und Leipzig gliche Hannover. So weit war es doch gar nicht, daß es dahin gekommen wäre.

Ja, die anderen Menschen. Ist es Bescheidenheit, ist es Unbeholfenheit, wie sie sich in den Restaurants bewegen, fast um Entschuldigung bittend nach Plätzen und Speisekarten fragend? Oder fehlt ihnen nur die Allerweltssicherheit der Reisegruppen zwischen Venedig und Sri Lanka? Oder ist auch das verkürzt gedacht, gibt sich der Greifswalder in Warna wie der Bochumer in Rimini?

Immer wieder tastet man sich in die Vergangenheit. Damals, als man mit den Großeltern nach Krummhübel oder Thale fuhr, wie sah es aus? Und als die Schulklasse einen Winterausflug nach Freiberg machte, die Schneeschuhe an die Schnürstiefel schnallte? Eigentlich war es um die Stollen des mittelalterlichen Silberbergwerks gegangen und die Bergakademie, auf der Alexander von Humboldt, Novalis und Theodor Körner studiert hatten. Aber natürlich hatte der Lehrer durch den Dom geführt, und vor der »Goldenen Pforte« war er ins Sehnsüchtige geraten; hoch über das gleichzeitige Fürstenportal von Bamberg gehe das hinaus in der vollkommenen Harmonie von Architektur, Plastik und Ornament.

Immer wieder das Staufische. Wie beflügelte es damals Empfinden und Verlangen der Deutschen. Dreißiger Jahre, das sind nicht nur Aufmärsche der Zwölf- oder Vierzehnjährigen im Poststadion, das sind auch Bamberger Reiter, Uta von Naumburg und natürlich der Cornett, Bilder von Herrscherlichkeit, Traum, Liebe und Tod.

Aber den Dom, das langweilende Wunderwerk der Jugendtage, hat niemand mehr gesehen, will keiner mehr sehen, nirgendwo Busse, die die Schulklassen herbeifahren. Das mittelalterliche Wunderwerk steht noch, der Krieg ist besser an ihm vorübergegangen als an dem Münster von Ulm, aber es ist aus der Welt gekommen. Die aus Sachsen wollen auf die Krim, die aus Westfalen nach Ischia. Lange ist es her, daß der eigene Boden das Ziel der Sehnsucht war, nun treibt es einen von jenseits und diesseits in die Fremde.

Sonderbar zu denken, wie die Vorväter gestern noch vor diesen Hügeln und Tälern von Rührung überkommen wurden: »Land, dem viel Verheißung innewohnt.« Sagte das Wolfskehl, Hofmannsthal oder George? Vokabel aus der Vorzeit, auch der des Gefühls. Nun staunt man vor dem Tadsch Mahal.

Das also sind die Restbestände des Landes, das erst Brandenburg hieß, dann Preußen, schließlich Deutschland; jetzt trägt es wieder einen anderen Namen. Wird es dabei bleiben, oder wird auch diesmal wieder der Wind der Geschichte über das vermeintlich Dauernde hinweggehen?

Dieses Land zwischen Elbe und Oder ist jetzt die Grenzzone Deutschlands, das doch eben noch fünfhundert Kilometer weiter reichte über Allenstein bis nach Trappönen. Rechnete man es damals, als es noch da war, dem zu, was man im nachhinein »Mitteleuropa« nennt?

Natürlich, Preußen griff weit nach Osten aus, war eine Zeit nicht weit davon, nach dem Muster Habsburgs ein Vielvölkerstaat zu werden, vor allem als dann unter Friedrich Wilhelm II. erst Südpreußen und zwei Jahre später Neu-Ostpreußen hinzukamen und Preußen nahe daran war, ein Zweivölkerstaat zu werden. Dienten in Wien die Razumowskis, Pallavicinis und Palffis in der Hofburg, so saßen in Berlin die Raczynskis und Potockis und Lichnowskys im preußischen Herrenhaus.

Preußen konnten wir notfalls werden, sagte einer der großen polnischen Herren nach der Kaiserkrönung in Versailles, Deutsche niemals. Der Traum vom Staat über den Nationen war ausgeträumt, eine neue Welt zog herauf, alle wollten sie, aber Glück hat sie nicht gebracht, für keinen, der sie erlitt.

Damals aber war Posen preußische Provinz, der polnische Fürst Radziwill der Gouverneur, der Vater der schönen Elisa, der heimlich Verlobten Wilhelms, des Prinzen von Preußen, der Deutschlands Kaiser werden sollte. So sehr viel hätte nicht gefehlt, daß eine polnische Prinzessin Preußens Königin geworden wäre. Warum auch nicht, hatten doch die Dönhoffs aus Friedrichstein in Ostpreußen den Polen nicht nur eine Königin gegeben.

Bromberg hatte seit 1346 Magdeburger Stadtrecht, aber seinen Aufschwung nahm es erst, als die berühmte »Kohlemagistrale« der Eisenbahn das Erz und die Kohle aus Schlesien über seine Gleise nach Danzig schaffte. An der vierten, fünften und sechsten Schleuse des Bromberger Kanals lagen in den schattigen Promenaden die Gartenwirtschaften, im Regierungsgarten südlich vom Veltzienplatz war der Sitz der Behörde, natürlich von Schinkel.

Und dann Graudenz, die »gewerbereiche Stadt in hübscher Lage am r. Ufer der Weichsel«, wie der Baedeker von 1911 meldet. Übrigens sehr auffällig. Im Kaiserreich vermeldet der Reiseführer bei jedem Ort, und durchaus nicht beiläufig, wo die Synagoge steht. Im Falle von Bromberg heißt die Eintragung: »Unweit der Kath. Pfarrkirche von 1460 am Friedrichplatz mit dem Broncestandbild Friedrichs d. Gr. von Uhlenhaut (1862) die Synagoge von 1884.« Ach, das Kaiserreich, so gescholten, erst von Weimar, dann von der Gewaltherrschaft, nun auch von Bonn. Mitunter, nicht ernsthaft, bekommt man Sehnsucht nach ihm.

Eine Grenzfestung gegen den stets befürchteten Ansturm aus dem Osten war die Stadt gewesen, ein Kranz von Außenforts hatte die Festung Courbiere geschützt, die neben Nettelbecks Kolberg der einzige Platz gewesen war, der nach Jena und Auerstedt gegen die Franzosen gehalten worden war. Ein preußischer Alkazar, denn der vierundsiebzigjährige General Courbiere hatte die Kasematten noch behauptet, als über ihm schon die Mauern zusammenstürzten. Aber wer kennt noch Courbiere? Weiter lebt das Gemäuer durch einen anderen Bewohner, der da zwei lange Jahre gefangen saß. Hier, in der Kasematte am Niedertor, schrieb Fritz Reuter *Ut mine Festungstid.* Hält Dichterruhm doch länger vor als Soldatenbravour?

Da also, fern im östlichen, aber preußischen Land, hatte der Großvater als junger Leutnant in Garnison gelegen. Die Großmutter erzählte noch mit fünfundachtzig von den Besuchen auf dem zwanzig Meter hohen Turm auf dem Schloßberg, wo die Reste des Deutschordensschlosses aus dem dreizehnten Jahrhundert den berühmten Ausblick auf das Weichseltal geben. Gegessen hatte man im Königlichen Hof am Marktplatz 3/4, 2,80 Mark das Menü, den Wein bei Seick in der Schuhmacherstraße genommen. Die Pferdedroschke vom Bahnhof, von wo die Schienen nach Thorn und Marienburg gingen, hatte 60 Pf. die Person gekostet, 75 Pf. für zwei Personen, von da an für jeden weiteren Gast nur 20 Pf. Zu den »Neuen Kasernen«, wo der Großvater Dienst tat, gab es sogar eine elektrische Straßenbahn.

Umschleierter Gedanke, daß alle Plätze, wo der nie gekannte und doch so vertraute Vorfahr, als er »des Kaisers Rock« trug, in Garnison lag, jetzt russisch sind oder polnisch oder französisch – Gumbinnen, wo von Rauch das Standbild Friedrich Wilhelms I. stand, weil der nämlich in Ostpreußen siebzehntausend Salzburger Flüchtlinge angesiedelt hatte, die in Preußen Zuflucht vor Verfolgung suchten wie so viele im Lauf der Jahrhunderte, dann Pfalzburg im Elsaß, nahe Straßburg, schließlich Zigankenberg bei Danzig, wo die Mutter geboren wurde. Sieht es so aus, wenn Geschichte allmählich ausläuft?

Was heißt hier, fremdes Land sei das gewesen, unterworfene Erde, von elsässisch, polnisch, masurisch Sprechenden bewohnt? Darum ging es damals doch nicht, in der Neuen Welt nicht, wo man, auch noch als man sich zu »Vereinigten Staaten« zusammengeschlossen hatte, englisch, deutsch, französisch und spanisch redete, und im alten Rußland schon gar nicht, wo das Großfürstentum Moskau keine Umstände machte, sich zwei Dutzend Völkerschaften anzugliedern, wo man alles sprach, uquirisch oder kirgisisch, bloß nicht russisch.

Das waren vornationale Epochen, Herders Volkstumsschwärmerei mußte aufkommen, daß man germanisierte oder polonisierte – unter Nationalisten, Kommunisten und Faschisten, wie Mussolini zeigt, der den Südtirolern das Deutsche austreiben wollte. Ganz zum Schluß erfand man eine Sache, die man »Bevölkerungstransfer« nannte – Ruthenen nach dem Osten, Slowenen nach dem Süden, Balten nach dem Westen, schließlich zwölf Millionen Deutsche auf der Flucht. Europa auf Wanderschaft, ethnologische Politik, die Erde als Verschiebebahnhof.

Die Moralisierung der Vergangenheit, unerträgliche Selbstüberhebung, rechnet den Vorfahren vor, daß sie in Vorzeiten gelebt. Verteidigt sei der Großvater, auch wenn er in Graudenz stand und einen polnischen Burschen hatte, der das Deutsche auf eine Weise sprach, wie man sie sonst nur aus Jaroslav Hašeks und Joseph Roths Romanen kennt.

> Leicht gesagt: Verkehrte Politik.
> Wann verkehrt? Heute? Nach zehn Jahren?
> Nach einem Jahrhundert?

Das preußische Posen legte Wert darauf, nicht mit dem preußischen Lodz verwechselt zu werden, was aber auf Gegenseitigkeit beruhte. In Lodz war man weltläufig und elegant, wofür schon der französische Einfluß und das jüdische Element sorgte, das hier vieles prägte. Schon im Lyzeum benutzten die Mädchen den Lippenstift, während in Posen doch Zopf und »Schnecke« als gut deutsch galten. Polnische Urbanität, französisch geprägt, färbte in der einen Stadt selbst die deutsche Minderheit, wo man doch in der anderen schon im Gymnasium sich nationalbewußt gab.

Preußisch in Rechtlichkeit und Ärmlichkeit war aber überall das Land, meist von der Mark aus besiedelt, wenngleich im Süden schlesisch geprägt. Bis in den Weltkrieg hinein hießen die deutschen Bauern noch »Kolonisten«. In den Ferien nahmen sich die Schüler Kähne in Brest am Bug und ließen sich dann tagelang die Weichsel bis Thorn hinuntertreiben, in deutschen Dörfern am Stromufer übernachtend, wo dann am Morgen zwölf Eier pro Kopf in die Pfanne geschlagen wurden, wie sich ein deutscher Historiker, der von da kommt, Gotthold Rhode, jüngst erinnerte.

Vom Winde verweht, nicht nur das Land, sondern auch die Erinnerungen, die eben doch noch Gegenwart waren. Dies hätte man nicht gedacht, daß mit dem Land auch die Geschichte verlorengehen würde, sogar die Geschichten. Fern klingt jetzt, daß aus Lissa, der Stadt mit der bedeutendsten protestantischen Barockkirche der Provinz, der »Kreuzkirche«, natürlich aus Backstein, die hübschesten Dienstmädchen kamen wie aus dem Spreewald die treuesten Ammen.

Weiter nach Norden kam dann Nidden, das Fischerdorf zwischen Rossitten und Schwarzort, gebirgige Dünen, die höchsten über sechzig Meter, dunkle Wälder, am Strand ein »Damenbad«; dort baute sich Thomas Mann sein Haus in die Kurische Nehrung. Auch hier wieder: nur der Name des Dichters bewahrt noch das Gedächtnis des Fleckens, der ins Geschichtslose gesunken ist.

Wer weiß noch viel von Memel? Vielleicht, daß sich da auf einem Floß im Fluß der Zar und Napoleon trafen, um gemeinsam zu beraten, ob man Preußen abschaffen solle. Aber Simon Dach, 1605–59, lebt noch im Gedächtnis der Deutschen, der dort geboren wurde und das *Ännchen von Tharau* schrieb. Hier und da singt es noch eine Liedertafel.

Also noch einmal: War das einst Mitteleuropa, Zwischeneuropa, was heißen sollte, gleich weit entfernt von Rußland und Frankreich? Wohin schaute man, wenn man hier lebte, nach Osten oder in den Westen? Sicher ist, daß der Bug näher lag als die Mosel, und bis nach dem Wiener Kongreß die Rheinlande preußisch wurden, lebte die Verwandtschaft eher in Stolp oder Liegnitz als in Jever oder Lörrach. Fuhr man in die großen Ferien, so ruderte man auf der Nogat oder dem Pregel; den Bodensee hat der Brandenburger Schüler nie zu Gesicht bekommen, als man noch sang: märkische Heide, märkischer Sand. Worms, Speyer und Aachen waren Nibelungenwelt, Stoff für Schulaufsätze; Masuren aber lockte geheimnisvoll wie die Berggeister des Riesengebirges, wo die Dorfkinder in der Weihnachtszeit davon sprachen, daß der Schnee »wächst«, wenn sie meinten, es schneie.

Eine Empfindung der Gemeinsamkeit mit den slawischen oder magyarischen Nachbarn hatte man aber nicht, fühlte sich nicht zugehörig der Welt zwischen Karpatenbogen und Bottnischem Busen; eher empfand man sich wohl doch als Deutscher in östlichem Land. Am Rhein oder an der Isar gab es nicht so viele Gasthöfe und Wirtshäuser, die sich »Zum deutschen Haus« oder »Zum preußischen Adler« nannten. Das war die Geste derer, die sich in fremdem Umland wissen. Die Mentalität erst der wirklichen Kolonisatoren, dann der neuen Kolonisten prägte das Lebensgefühl. Ein mitteleuropäisches Gemeinsamkeitsgefühl, das Deutsche mit Polen und Ungarn gegen jene Russen vereinte, die doch überall im Osten nationale Aufstände niedergeschlagen hatten, gab es nicht, als diese Welt noch da war, das ist nachträgliches Denken.

Man hatte weit nach Osten ausgegriffen, aber nie wurde diese Welt im Osten ein Elsaß, daran man die Seele hängte, nicht nur Friedrich II. von Hohenstaufen, der es nannte: *mir meiner Kronländer dem Herzen nächstes.* Nach Czernowitz kommandiert zu werden, war so schlimm wie in Gnesen in Garnison zu stehen. Nicht selten war es ja auch als Strafversetzung gemeint, nicht selten standen irgendwelche Ehrenhändel dahinter, Affären, die sich mit dem nicht vertrugen, was man Offiziersehre nannte.

Auf der anderen Seite, der slawisch-magyarisch-romanischen Gegenwelt, war es ebenso; nicht nur auf die Deutschen blickte man ohne Gefallen, sondern auch aufeinander. Heutzutage hat man wohl eine gewisse Sympathie füreinander, aber das machen die fremden Herren, die über einen gekommen sind. Aber als man noch konnte wie man wollte, schaute zwischen Moldau, Donau und Weichsel niemand auf den nahen Nachbarn; alles blickte in die Ferne, über Berlin und Wien hinweg.

In Krakau wollte man so wenig deutsch sein wie tschechisch oder ungarisch. Wilna und Lemberg waren einander so fremd wie Budapest und Prag oder auch Bukarest und Warschau. Wenn es die Lage zuließ, fiel man übereinander her, wie 1938 die Aufteilung der Tschechoslowakei zum letzten Mal zeigte, wo jeder größere Ansprüche anmeldete als der nächste. Der Kunststaat aus dem Ersten Weltkrieg wurde zerfleddert von seinen Nachbarn: das Olsagebiet ging an Polen, östlich von Preßburg wurde man ungarisch, die Slowakei erklärte sich selbständig, die

Karpato-Ukraine wollte autonomes Gebiet sein. Das war kein Zwischeneuropa, das sich als dritte Möglichkeit verstand, als Antwort auf die übermächtigen Nachbarn im Westen und im Osten. Pilsudski wollte ein Großpolen vom Baltischen Meer bis zum Schwarzen Meer, von Litauen bis zur Ukraine reichend; als Hitler schon vor dem Einfall stand, sollte es sogar eine »Drei Meere«-Großmacht sein, die Adria als polnisches Operationsgebiet. Antonescu träumte von einem rumänischen Großreich, riß schon Teile Rußlands und Bulgariens an sich, das seinerseits auf griechische und türkische Beute hoffte. Horthy aber wollte das alte große Ungarn wiederherstellen, wozu er tschechisches und polnisches Gebiet annektierte und auf rumänisches hoffte.

Von »Mitteleuropa« war da wenig zu spüren, Mißtrauen und Gier erfüllte jene Welt im Osten, die nur in eine Richtung blickte, nach Frankreich; das war fast das einzige, was Mitteleuropa einte. Von Prag sah man so gebannt auf Apollinaire oder Picasso, daß man Brod, Werfel und Rilke gar nicht wahrnahm, obwohl doch alle von hier stammten. Niemand las den Prager Kafka im Prag der Zwischenkriegszeit. Ob man sich wirklich von dem hinter seiner Maginotlinie eingeigelten Frankreich Schutz versprach, ist sehr zweifelhaft. Aber Paris war die Kultur und war die Zivilisation in solch ausschließlichem Maße, daß man gar nicht bemerkte, wie es von dem Berlin der Weimarer Republik längst entthront worden war. Der expressionistische deutsche Film war auf seinem Höhepunkt, aber die Warschauer Kinos zeigten nur Französisches, Mies van der Rohe und Gropius revolutionierten die Architektur, aber in Bukarest verehrte man noch immer Eiffel und Garnier, selbst von New York nahm man kaum Notiz. Die Pariser Modezeitschriften liegen überall in den Salons, wie eine Generation zuvor der Cancan und nicht der Schnaderhüpferl den Osten erobert hatte. Einmal einen Frühling an der Seine – das ist der Traum der Bojaren in Rumänien und der Intellektuellen in Polen. Kein polnischer Student sehnt sich nach einigen Semestern in Budapest, und niemand will von Krakau nach Sofia. Sorbonne, Montmartre und Montparnasse sind die Losungsworte des Ostens, der von sich selber los will.

So ist es noch heute, würden die Grenzen es nicht verhindern, ganz Mitteleuropa würde sich an die Côte d'Azur und zum Thyrrhenischen Meer aufmachen. Was aneinanderbindet, sind die gemeinsame Sehnsucht und natürlich die Kette.

In dieser Welt, die Augen nur für den Westen hatte, waren es einzig die Deutschen, die mit sonderbarem Verlangen nach Osten schauten, viel mehr als alle Polen, Ungarn oder Rumänen. Tolstoi und Dostojewski mußten den Weg über Deutschland nehmen, wie wenig später auch Kandinsky oder Jawlensky. Aber auch Gerhart Hauptmann hatte ja seine erste Gesamtausgabe in Moskau bekommen, noch vor der von Samy Fischer. Hatten sie nicht alle ihr Rußland-Erlebnis, Rilke wie Barlach?

Moskau und Berlin – das war einmal ein großes Thema. Deutschland wollte Rußland, und Rußland wollte Deutschland, alles andere waren nur Länder, die dazwischenlagen, Cordon sanitaire oder Verfügungsmasse. Die Welt mußte einstürzen, daß alles ganz anders wurde.

Sonderbare Gedanken kommen einen an, wenn man durch das verlorene Land fährt, verloren in der Geographie und verloren im Bewußtsein. Und dabei ist jeder Landstrich mit einer Erinnerung verbunden, die über das Eigene hinausreicht und auf Geschichte weist, die gewesene und die andere, die bevorsteht. Das Auge hat ja Griechenland nie gesehen, war man auch tausendmal da; wandert man durch die Mark, jetzt mit so gänzlich anderen Gefühlen als doch eben erst Fontane, ist es wohl auch die Seele, die mehr weiß, als das Auge sieht.

WOLF JOBST SIEDLER

Wanderungen durch die Mark Brandenburg

Vorwort zur ersten Auflage, 1861

Erst die Fremde lehrt uns, was wir an der Heimat besitzen.« Das hab' ich an mir selber erfahren und die ersten Anregungen zu diesen »Wanderungen durch die Mark« sind mir auf Streifereien in der Fremde gekommen. Die Anregungen wurden Wunsch, der Wunsch wurde Entschluß.

Es war in der schottischen Grafschaft Kinroß, deren schönster Punkt der Leven-See ist. Mitten im See liegt eine Insel und mitten auf der Insel, hinter Eschen und Schwarztannen halb versteckt, erhebt sich ein altes Douglas-Schloß, das in Lied und Sage vielgenannte Lochleven-Castle. Es sind nur Trümmer noch, die Kapelle liegt als ein Steinhaufen auf dem Schloßhof und statt der alten Einfassungsmauer zieht sich Weidengestrüpp um die Insel her; aber der Rundturm steht noch, in dem Queen Mary gefangen saß, die Pforte ist noch sichtbar, durch die Willy Douglas die Königin in das rettende Boot führte, und das Fenster wird noch gezeigt, über dessen Brüstung hinweg die alte Lady Douglas sich beugte, um mit weit vorgehaltener Fackel dem nachsetzenden Boote den Weg und womöglich die Spur der Flüchtigen zu zeigen.

Wir kamen von der Stadt Kinroß, die am Ufer des Leven-Sees liegt, und ruderten der Insel zu. Unser Boot legte an derselben Stelle an, an der das Boot der Königin in jener Nacht gelegen hatte, wir schritten über den Hof hin, langsam, als suchten wir noch die Fußspuren in dem hochaufgeschossenen Grase und lehnten uns dann über die Brüstung, an welcher die alte Lady Douglas gestanden und die Jagd der beiden Boote, des flüchtigen und

des nachsetzenden, verfolgt hatte. Dann umfuhren wir die Insel und lenkten unser Boot nach Kinroß zurück, aber das Auge mochte sich nicht trennen von der Insel, auf deren Trümmergrau die Nachmittagssonne und eine wehmütig-unnennbare Stille lag.

Nun griffen die Ruder rasch ein, die Insel wurd ein Streifen, endlich schwand sie ganz und nur als ein Gebilde der Einbildungskraft stand eine Zeitlang noch der Rundturm vor uns auf dem Wasser, bis plötzlich unsre Phantasie weiter in ihre Erinnerungen zurückgriff und ältere Bilder vor die Bilder dieser Stunde schob. Es waren Erinnerungen aus der Heimat, ein unvergessener Tag.

Auch eine Wasserfläche war es; aber nicht Weidengestrüpp faßte das Ufer ein, sondern ein Park und ein Laubholzwald nahmen den See in ihren Arm. Im Flachboot stießen wir ab und sooft wir das Schilf am Ufer streiften, klang es, wie wenn eine Hand über knisternde Seide fährt. Zwei Schwestern saßen mir gegenüber. Die ältere streckte ihre Hand in das kühle klare Wasser des Sees und außer dem dumpfen Schlag des Ruders vernahm ich nichts als jenes leise Geräusch, womit die Wellchen zwischen den Fingern der weißen Hand hindurchplätscherten. Nun glitt das Boot durch Teichrosen hin, deren lange Stengel wir (so klar war das Wasser) aus dem Grunde des Sees aufsteigen sahen; dann lenkten wir das Boot bis an den Schilfgürtel und unter die weitüberhängenden Zweige des Parkes zurück. Endlich legten wir an, wo die Wassertreppe ans Ufer führt, und ein Schloß stieg auf mit Flügeln und Türmen, mit Hof und

Treppe und mit einem Säulengange, der Balustraden und Marmorbilder trug. Dieser Hof und dieser Säulengang, die Zeugen wie vieler Lust, wie vielen Glanzes waren sie gewesen? Hier über diesen Hof hin hatte die Geige Grauns geklungen, wenn sie das Flötenspiel des prinzlichen Freundes begleitete; hier waren Le Gaillard und Le Constant, die ersten Ritter des Bayard-Ordens, auf- und abgeschritten; hier waren, in buntem Spiel, in heiterer Ironie, fingierte Ambassaden aus aller Herren Länder erschienen und von hier aus endlich waren die heiter Spielenden hinausgezogen und hatten sich bewährt im Ernst des Kampfs und auf den Höhen des Lebens. Hinter dem Säulengange glitzerten die gelben Schloßwände in aller Helle des Tags, kein romantischer Farbenton mischte sich ein, aber Schloß und Turm, wohin das Auge fiel, alles trug den breiten historischen Stempel. Von der andern Seite des Sees her grüßte der Obelisk, der die Geschichte des Siebenjährigen Krieges im Lapidarstil trägt.

So war das Bild des *Rheinsberger* Schlosses, das, wie eine Fata Morgana, über den Leven-See hinzog, und ehe noch unser Boot auf den Sand des Ufers lief, trat die Frage an mich heran: so schön dies Bild war, das der Leven-See mit seiner Insel und seinem Douglas-Schloß vor dir entrollte, war jener Tag minder schön, als du im Flachboot über den Rheinsberger See fuhrst, die Schöpfungen und die Erinnerungen einer großen Zeit um dich her? Und ich antwortete: *nein.*

Die Jahre, die seit jenem Tag am Leven-See vergangen sind, haben mich in die Heimat zurückgeführt und die Entschlüsse

von damals blieben unvergessen. Ich bin die Mark durchzogen und habe sie reicher gefunden, als ich zu hoffen gewagt hatte. Jeder Fußbreit Erde belebte sich und gab Gestalten heraus, und wenn meine Schilderungen unbefriedigt lassen, so werd' ich der Entschuldigung entbehren müssen, daß es eine Armut war, die ich aufzuputzen oder zu vergolden hatte.

Umgekehrt, ein Reichtum ist mir entgegengetreten, dem gegenüber ich das bestimmte Gefühl habe, seiner niemals auch nur annähernd Herr werden zu können; denn das immerhin Umfangreiche, das ich in nachstehendem biete, ist auf im ganzen genommen wenig Meilen eingesammelt worden: am Ruppiner See hin und vor den Toren Berlins. Und sorglos hab' ich es gesammelt, nicht wie einer, der mit der Sichel zur Ernte geht, sondern wie ein Spaziergänger, der einzelne Ähren aus dem reichen Felde zieht.

Es ist ein Buntes, Mannigfaches, das ich zusammengestellt habe: Landschaftliches und Historisches, Sitten- und Charakterschilderung, – und verschieden wie die Dinge, so verschieden ist auch die Behandlung, die sie gefunden. Aber wie abweichend in Form und Inhalt die einzelnen Kapitel voneinander sein mögen, darin sind sie sich gleich, daß sie aus Liebe und Anhänglichkeit an die Heimat geboren wurden. Möchten sie auch in andern jene Empfindungen wecken, von denen ich am eignen Herzen erfahren habe, daß sie ein Glück, ein Trost und die Quelle echtester Freuden sind.

Berlin, im November 1861
Theodor Fontane

Wanderungen
durch die
Mark Brandenburg

Schermützelsee, Buckow,
Märkische Schweiz

Nur von dem höchsten Punkte der *Schönen Aussicht* aus hatten wir den See vor Augen gehabt (...) Über dem blauen Wasser wölbte sich der blauere Himmel und zwischen den spärlichen Binsen, die das Ufer hier einfaßten, hing ein ebenso spärlicher Schaum, der in dem scharfen Ostwinde beständig hin und her zitterte. Holz und Borkestücke lagen über den Weg hin zerstreut, andre dagegen tanzten noch auf dem flimmernden See, der im übrigen, all diesem Flimmern und Schimmern zum Trotz, einen tiefen Ernst und nur Einsamkeit und Stille zeigte.

Oderbruch

Das Bruch ist ein Bauernland, eine Art Dithmarschen. (...)

Von allen Punkten (...) ermöglicht sich ein Blick in die fruchtbare Tiefe; dabei wechselt der Charakter der Landschaft so oft und so anmutig, daß jeder, der am Rande des Plateaus, etwa von Freienwalde bis Selow, oder selbst bis Frankfurt hin, diese Fahrt zu machen gedenkt, einer langen Reihe der mannigfachsten und anziehendsten Bilder begegnen wird.

Charlottenburg, Mausoleum,
Grab des Herzens von Wilhelm IV.

Berlin, den 6. März 1852.
Louisenstr. 35.

Allerdurchlauchtigster,
Großmächtigster König!
Allergnädigster König und Herr!

Geruhen Ew. Majestät nachstehende untertänige Bitte gnädigst hinzunehmen.

Mein seit vielen Jahren gehegter Wunsch: England behufs literarischer Studien (namentlich der altenglischen Ballade) auf längre Zeit besuchen zu können, steht auf dem Punkt sich zu verwirklichen. Meine Mittel sind gering; – so wag' ich es denn meinen Königlichen Herrn, der meinem Talente gelegentlich gnädige Worte der Anerkennung gezollt hat, um eine Reise-Unterstützung von 50 Rthlr anzugehn.

Ich ersterbe als Ew. Majestät Alleruntertänigster Diener

Theodor Fontane

Bei Werneuchen

D*er Blumenthal,* d.h. der Blumenthal-*Wald,* ist der Name eines großen Forstreviers, das den Hohen-Barnim von Westen nach Osten hin durchzieht und durch die von Berlin nach Wriezen führende Straße fast seiner ganzen Länge nach durchschnitten wird.

Der Blumenthal hat seine Romantik. Etwas von dem Zauber Vinetas ist um ihn her und die Sage von untergegangenen Städten, verschwunden in Wasser oder Wald, begleitet den Reisenden auf Schritt und Tritt.

Gransee

Die Marienkirche, deren Pfeiler bis in den Anfang des 13. Jahrhunderts zurückdatieren, ist ein ursprünglich romanischer Bau, mit Gewölben aus der gotischen Epoche. Was diese Kirche, die von keiner in der Grafschaft übertroffen wird, auch schon äußerlich auszeichnet, ist die reiche Verwendung des vierblättrigen Kleeblatts. (...)

Sie hat *zwei* Türme, die des Vorzugs genießen, *beide* fertig zu sein und sich nur dadurch unterscheiden, daß die Spitze des einen völlig *massiv*, die des andern als eine bloße *Holzkonstruktion* in die Höhe steigt.

Pfaueninsel, Schloß

Pfaueninsel

Pfaueninsel! Wie ein Märchen steigt ein Bild aus meinen Kindertagen vor mir auf: ein Schloß, Palmen und Känguruhs; Papageien kreischen; Pfauen sitzen auf hoher Stange oder schlagen ein Rad; Volieren, Springbrunnen, überschattete Wiesen; Schlängelpfade, die überall hin führen und nirgends; ein rätselvolles Eiland, eine Oase, ein Blumenteppich inmitten der Mark.

Berlin-Tegel, Humboldtschloß,
Der Antikensaal

Die oberen Räume, ein Empfangszimmer, ein Saal, ein Wohnzimmer und zwei Turmgemächer, bilden ein völliges Museum und sind zu reich ausgestattet mit Kunstschätzen und Sehenswürdigkeiten aller Art, als daß mehr wie eine bloße Aufzählung des Vorhandenen an dieser Stelle gestattet sein könnte.

Wannsee, das Grab Heinrich von Kleists

Während dies Gespräch noch andauerte, hatten wir einen Punkt erreicht, wo der über die Wiese führende Weg ein Ende zu haben schien, bis wir zuletzt, bei schärfrem Hinsehn, eines Fußpfades gewahr wurden, der sich, zwischen allerlei Gestrüpp hin, in einer schmalen Schlängellinie fortsetzte. War das *unser* Weg? Ein Versuch schien wenigstens geboten, und siehe da, keine hundert Schritt und wir hatten's und standen an der Grabstelle, die, seitab und einsam im Schatten gelegen, denselben düstren Charakter zeigte, wie das Leben, das sich hier schloß. Auch eine pietätvolle Wiederherstellung der durch viele Jahre hin vernachlässigten Stelle, hat an diesem Eindruck nichts ändern können. Ein Eisengitter zwischen vier Steinpfeilern schließt das Grab ein, das *zwei* Grabsteine trägt: einen abgestumpften Obelisken aus älterer und einen pultartig zugeschrägten Marmor aus neurer Zeit. Auf dem abgestumpften Obelisken fanden wir ein Häuflein Erde, darin eine sinnige Hand, vielleicht keine Stunde vor uns, einen Strauß unterwegs gepflückter Feldblumen eingesetzt hatte.

KLEIST

Schloß Hoppenrade

Es sind jetzt zwanzig Jahre, daß ich zum ersten Male nach *Hoppenrade* kam. (...) Nicht ohne Neugier und Erregung war es, daß ich nach dem »verwunschenen Schlosse« hin aussah, als wir in unserer hin- und herschwankenden und noch altmodisch in C-Federn hängenden Halbchaise die große Rüsterallee hinauffuhren. Aber der Gegenstand unserer Neugier verbarg sich bis zuletzt, und wurd' erst sichtbar, als wir unmittelbar vor ihm hielten. Er lag da wie herrenloses Eigentum.

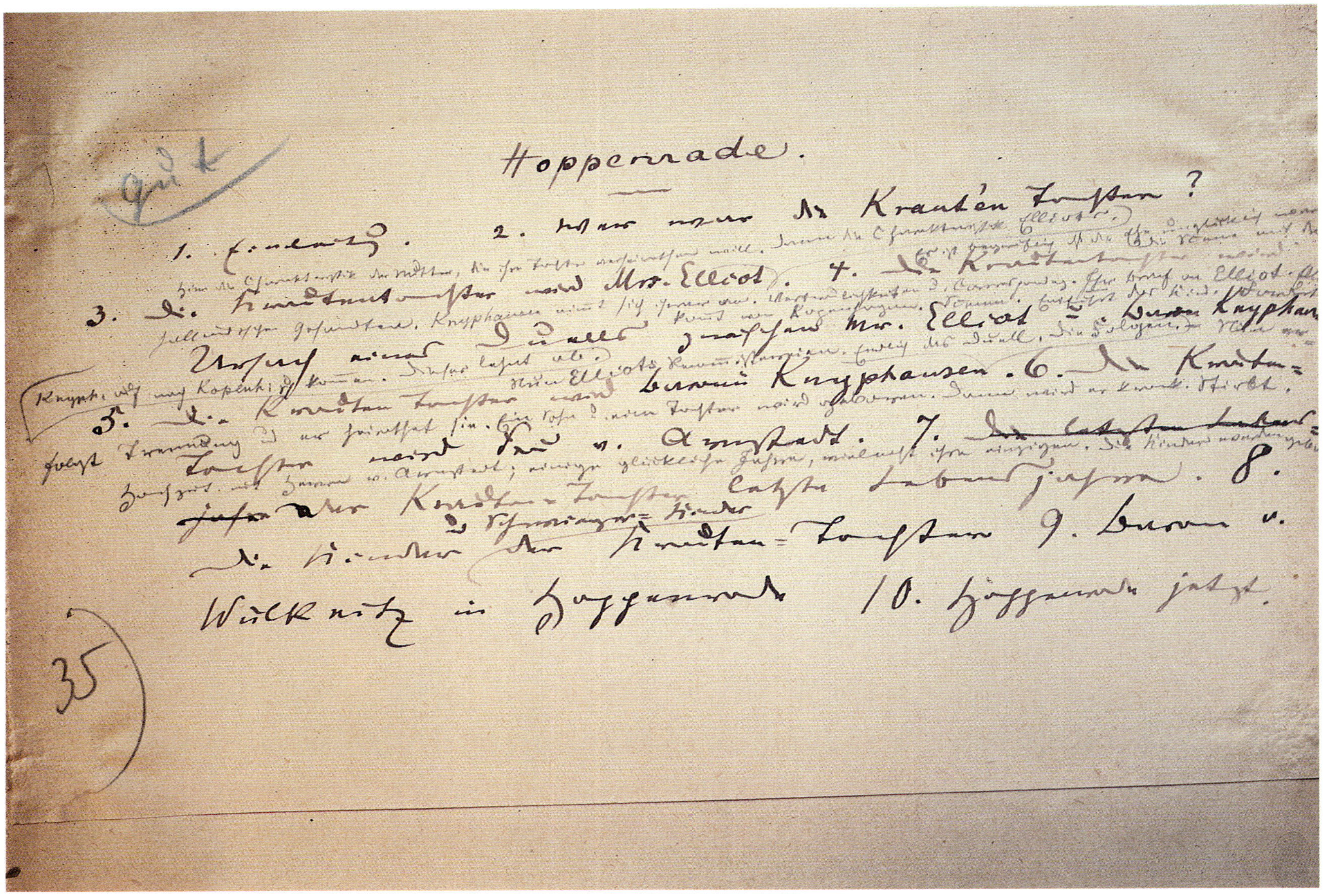

Hoppenrade.

Manuskript des Inhaltsverzeichnisses, Kapitel ›Hoppenrade‹

Schloß Hoppenrade, Garten

Eine stille Stätte jetzt, dies abseits vom Wege gelegene Schloß, eine Stätte, von der niemand mehr spricht, am wenigsten vielleicht die, die tagaus tagein es umwohnen.

Lindow, Wutzsee

Lindow, Klosterruine

Wie seh ich, Klostersee, dich gern!
Die alten Eichen stehn von fern,
Und flüstern, nickend, mit den Wellen.

Und Gräberreihen auf und ab;
Des Sommerabends süße Ruh
Umschwebt die halbzerfallnen Grüfte.

Lindow ist so reizend wie sein Name. Zwischen drei Seen wächst es auf und alte Linden nehmen es unter ihren Schatten.

Oderbruch, Seen

Alle noch vorhandenen Nachrichten stimmen darin überein, daß das Oderbruch vor seiner Urbarmachung eine wüste und wilde Fläche war, die, sehr wahrscheinlich unsrem *Spreewalde* verwandt, von einer unzähligen Menge größerer und kleinerer Oder-Arme durchschnitten wurde. Viele dieser Arme breiteten sich aus und gestalteten sich zu Seen, deren manche, wie die Lieppesche bei Liepe, der Kietzer- und der Kloster-See bei Friedland, noch jetzt, wenn auch in sehr veränderter Gestalt, vorhanden sind. Das Ganze hatte, dementsprechend, *mehr einen Bruch-, als einen Waldcharakter,* obwohl ein großer Teil des Sumpfes mit Eichen bestanden war.

Rheinsberg, Grabpyramide Prinz Heinrich

Großbeeren, Bülow-Pyramide

Unsere Gebeine sollen *diesseits* Berlin bleichen, nicht jenseits.
General von Bülow
vor der Schlacht von Großbeeren

Mittenwalde, Propsteikirche

Aus dem 13. Jahrhundert stammt die Mittenwalder *Propstei-* oder *St. Moritz-Kirche.* Die Kreuzgewölbe sind später. Man sieht deutlich, wie die mächtigen alten Pfeiler in bestimmter Höhe weggebrochen und die alten Tonnengewölbe durch neue, von eleganterer Konstruktion ersetzt wurden. Um vieles moderner ist der Turm, dem übrigens mit Rücksicht auf das Jahr seiner Entstehung (1781) alles mögliche Lob gespendet werden muß. Er paßt nicht zur Kirche, nimmt sich aber nichtsdestoweniger gut genug aus.

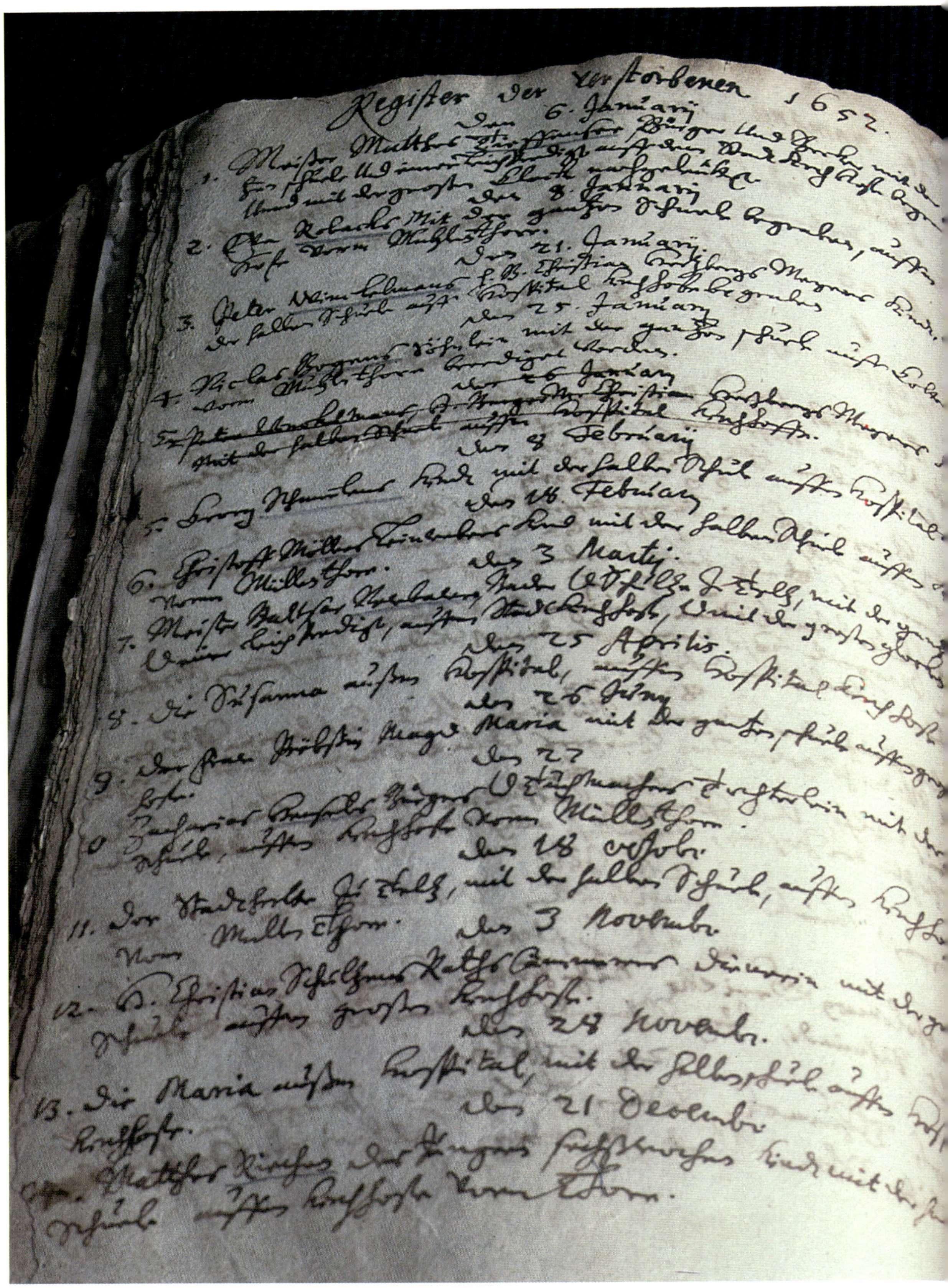

Register der Verstorbenen 1652.

Den 6. Januarij

Den 8. Januarij

Den 21. Januarij

Den 25. Januarij

Den 26. Januarij

Den 8. Februarij

Den 18. Februarij

Den 3 Martij

Den 25 Aprilis

Den 26 Junij

Den 27

Den 18 Octob.

Den 3 Novembr.

Den 28 Novembr.

Den 21 Decembr.

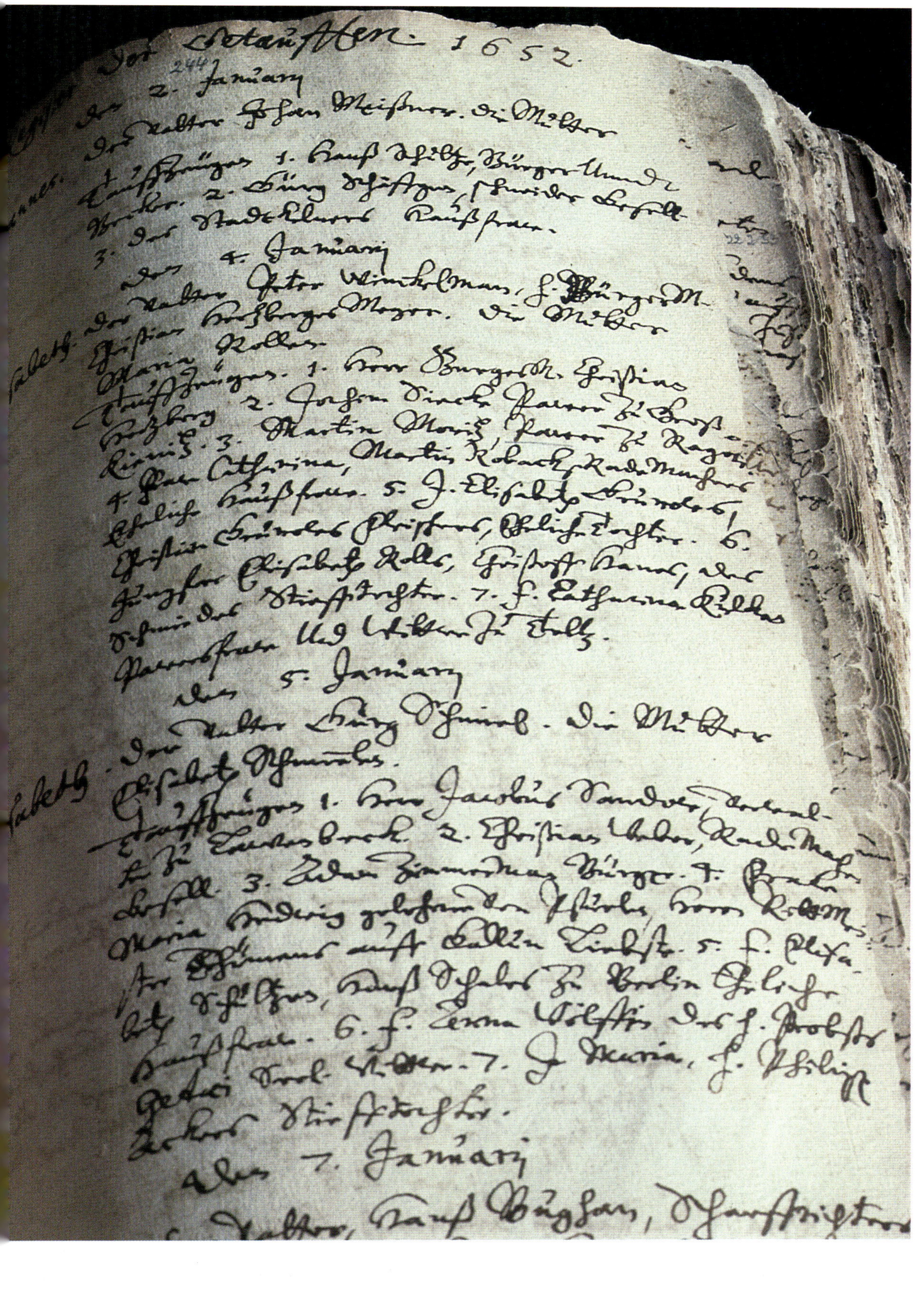

Mittenwalde, Kirchenbuch, Handschrift von Paul Gerhardt (Propst von 1651–57)

Paul Gerhardt, wie schon hervorgehoben, war sechs Jahre lang Propst an der Mittenwalder Kirche und es ist höchst wahrscheinlich, daß einige der schönsten Lieder, die wir diesem volkstümlichsten unsrer geistlichen Liederdichter verdanken, während seines Mittenwalder Aufenthaltes, in Leid und Freud' des Hauses und des Amtes gedichtet wurden. (…)

Die Stadt bietet nichts. Das Propsteigebäude, das noch vor einigen fünfzig Jahren bewohnt war, ist seitdem abgebrochen und selbst der Garten, in dessen Gängen er mutmaßlich das »Befiehl du deine Wege« dichtete, liegt, wüst geworden, ohne Zaun und Einfassung zwischen zwei Nachbargärten.

Schloß Charlottenburg, Mausoleum, Kenotaph Königin Luise

Jener poetische Schimmer, den *alles* empfängt, was früher oder später in irgendeine Beziehung zu der leuchtend-liebenswürdigen Erscheinung dieser Königin trat. Die moderne Historie weist kein ähnliches Beispiel von Reinheit, Glanz und schuldlosem Dulden auf und wir müssen bis in die Tage des früheren Mittelalters zurückgehn, um Erscheinungen von gleicher Lieblichkeit (und dann immer nur innerhalb der *Kirche*) zu begegnen. Königin Luise dagegen stand inmitten des *Lebens,* ohne daß das Leben einen Schatten auf sie geworfen hätte. Wohl hat sich die Verleumdung auch an *ihr* versucht, aber der böse Hauch vermochte den Spiegel nicht auf die Dauer zu trüben. *Mehr* als von der Verleumdung ihrer Feinde, hat sie von der Phrasenhaftigkeit ihrer Verherrlicher zu leiden gehabt. Sie starb *nicht* am »Unglück ihres Vaterlandes«, das sie freilich bitter genug empfand. Übertreibungen, die dem einzelnen seine Gefühlswege vorschreiben wollen, reizen nur zum Widerspruch.

Pfaueninsel, Königin-Luise-Tempel

Friedrich Wilhelm III., in allem gegensätzlich gegen seinen Vorgänger und diesen Gegensatz *betonend,* machte doch mit Rücksicht auf die Pfaueninsel eine Ausnahme und wandte ihr von Anfang an eine Gunst zu, die, bis zur Katastrophe von 1806, alles daselbst Vorhandene liebevoll pflegte, nach dem Niedergange der napoleonischen Herrschaft aber diesen Fleck Erde zu einem ganz besonders bevorzugten machte.

Der Große Stechlin-See

So ging das Geplauder, als plötzlich, zwischen den Stämmen hin, eine weite Wasserfläche sichtbar wurde, darauf hell und blendend fast die späte Nachmittagssonne flimmerte. »Das ist der Stechlin« hieß es. Und im nächsten Augenblicke sprangen wir ab und schritten auf ihn zu.

Da lag er vor uns, der buchtenreiche See, geheimnisvoll, einem Stummen gleich, den es zu sprechen drängt. Aber die ungelöste Zunge weigert ihm den Dienst und was er sagen will, bleibt ungesagt.

Und nun setzten wir uns an den Rand eines Vorsprungs und horchten auf die Stille. Die blieb, wie sie war: kein Boot, kein Vogel; auch kein Gewölk. Nur Grün und Blau und Sonne.

Wie still er da liegt, der Stechlin« hob unser Führer und Gastfreund an, »aber die Leute hier herum wissen von ihm zu erzählen. Er ist einer von den Vornehmen, die große Beziehungen unterhalten. Als das Lissaboner Erdbeben war, waren hier Strudel und Trichter und stäubende Wasserhosen tanzten zwischen den Ufern hin. Er geht 400 Fuß tief und an mehr als einer Stelle findet das Senkblei keinen Grund. Und Launen hat er und man muß ihn ausstudieren wie eine Frau. Dies kann er leiden und jenes nicht, und mitunter liegt das, was ihm schmeichelt und das, was ihn ärgert, keine Handbreit auseinander. Die Fischer, selbstverständlich, kennen ihn am besten. *Hier* dürfen sie das Netz ziehen und an seiner Oberfläche bleibt alles klar und heiter, aber zehn Schritte weiter will er's nicht haben, aus bloßem Eigensinn, und sein Antlitz runzelt und verdunkelt sich und ein Murren klingt herauf. Dann ist es Zeit ihn zu meiden und das Ufer aufzusuchen. Ist aber ein Waghals im Boot, der's ertrotzen will, so gibts ein Unglück, und der Hahn steigt herauf, rot und zornig, der Hahn, der unten auf dem Grunde des Stechlin sitzt und schlägt den See mit seinen Flügeln, bis er schäumt und wogt, und greift das Boot an und kreischt und kräht, daß es die ganze Menzer Forst durchhallt von Dagow bis Roofen und bis Alt-Globsow hin.«

Meseberg, Schloß

Graf Wartensleben, der durch seine Frau (eine Erbtochter der dort früher angesessenen Groebens) in Besitz Mesebergs und der andern obengenannten Güter gekommen war, hatte 1739 an der Südspitze des Huvenow-Sees ein Schloß aufgeführt. Wie ein Zauberschloß liegt es auch heute noch da. Der Reisende, der hier über das benachbarte Plateau hinfährt, dessen öde Fläche nur dann und wann ein Kirchtum oder ein Birkengehölz unterbricht, ahnt nichts von der verschwiegenen Talschlucht an seiner Seite, von der steilabfallenden Tiefe mit Wald und Schloß und See.

Wuthenow

Es schlug Mitternacht, als Schach in Wuthenow eintraf, an dessen entgegengesetzter Seite das auf einen Hügel erbaute, den Ruppiner See nach rechts und links hin überblickende *Schloß* Wuthenow lag. In den Häusern und Hütten war alles längst in tiefem Schlaf, und nur aus den Ställen her hörte man noch das Stampfen eines Pferds oder das halblaute Brüllen einer Kuh.

Rheinsberg, Obelisk

Vielleicht die größte Sehenswürdigkeit *Rheinsbergs* ist der *Obelisk,* der sich, gegenüber dem Schlosse, am jenseitigen Seeufer auf einem zwischen dem Park und dem Boberow-Walde gelegenen Hügel erhebt. Er wurde zu Anfang der neunziger Jahre vom Prinzen Heinrich »dem Andenken seines Bruders *August Wilhelm*« errichtet und trägt an seiner Vorderfront das vortrefflich ausgeführte Reliefportrait eben dieses Prinzen und darunter die Worte:

A l'eternelle memoire
d'Auguste Guillaume
Prince de Prusse, second fils du roi
Frederic Guillaume.

Schloß Rheinsberg

Unter solchem Geplauder haben wir die der Stadt zu gelegene Rückseite des *Schlosses* erreicht, passieren den Schloßhof, steigen in ein bereitliegendes Boot und fahren bis mitten auf den See hinauf. Nun erst machen wir kehrt und haben ein Bild von nicht gewöhnlicher Schönheit vor uns. Erst der glatte Wasserspiegel, an seinem Ufer ein Kranz von Schilf und Nymphäen, dahinter ansteigend ein frischer Gartenrasen und endlich das Schloß selbst, die Fernsicht schließend. Nach links hin dehnt sich der See; wohin wir blicken, ein Reichtum von Wasser und Wald.

Neutornow, Kolonistenkirche

Das gewonnene Land betrug im ganzen 130 000 Morgen, auf welches nun, wie man sonst Bäume pflanzt oder einsetzt, 1300 *Familien »angesetzt«* wurden. Das geschah in 43 neugegründeten Kolonistendörfern. (...) Der König ließ sechs neue Kirchen bauen, setzte vier Prediger, zwei reformierte und zwei lutherische ein, und gab jedem Dorf eine Schule.

Der Blumenthal

Die Westhälfte des *Blumenthals* ist der landschaftlich schönere Teil, aber die Osthälfte ist reicher an Sage und Geschichte. Wir wandern dieser anderen Hälfte zu. Der Wald hat uns bis an ein Vorwerk begleitet, dessen Stall- und Wirtschaftsgebäude bis hart an die Chaussee treten. Jenseits derselben fängt der Wald wieder an. Dies ist die Stelle, die wir suchen. Der Weg über den Hof hin wird uns auf Ansuchen freundlich gestattet und hinaustretend in die halb bebauten, halb brachliegenden Felder, halten wir, einige hundert Schritte weiter abwärts, vor einem mit Steinmassen überdeckten Terrain. Dies Steinfeld ist die sogenannte *Stadtstelle*.

Hier stand vor 500 Jahren das Städtchen *Blumenthal*, das seitdem dem ganzen Walde den Namen gegeben hat.

Von einem Wasserpful, der sogenannten *Suhle* aus gesehn, hat man nach Osten hin ein wellenförmiges, hier und da bebautes Stück Land vor sich, das an einzelnen Stellen von aufgetürmten, sehr niedrigen Steinmauern eingefaßt, an anderen Stellen wie mit großen Feldsteinen besäet ist. Wer viel in der Mark gereist ist, dem fallen diese Feldsteine nicht auf, die hier einfach um des Ackers willen beiseite geworfen oder sozusagen an den Tellerrand gelegt erscheinen. Und so nähert man sich der Umwallung in der vollen Überzeugung, daß Klöden recht gehabt habe, als er die Existenz einer Stadtstelle bestritt. Aber dieser Eindruck ist nicht von Dauer. (...)

Weit mehr indes als diese Wurzelstubben von kolossalem Durchmesser ist der Markstein selbst eine Sehenswürdigkeit. (...) Er mißt etwa acht Fuß im Quadrat, geht über vierzehn Fuß in die Tiefe und ragt nur wenig aus dem Erdreich hervor. Natürlich hat ihn nicht Menschenhand hierher gelegt und die Annahme hat nichts Gezwungenes, daß er ein Opferstein der Ureinwohner war. Auf diesem Stein zu schlafen, müßte mindestens ebenso unheimlich wie unbequem sein.

Kleiner Tornow-See

Von der Kuppe des Hügels herab überblickt man nur den kleineren See; Baumpartieen fassen ihn ein und beschränken die weitere Fernsicht. Das Terrassenförmige des Berges kommt deshalb wenig zur Erscheinung. Möglich, daß das Landschaftsbild an Reize gewönne, wenn ein unbehindertes Auge, die Stufen der Treppen herniedersteigend, erst bei der kleineren und dann endlich tief unten bei der größeren Wasserfläche verweilen könnte. Aber auch wie es ist, ist es schön.

Wustrau, Zietenschloß

Zwischen Dorf und See aber breitet sich der Park aus, dessen Baumgruppen von dem Dache des etwas hoch gelegenen Herrenhauses überragt werden. Dieses letztere gleicht auf ein Haar den adligen Wohnhäusern, wie sie während der zweiten Hälfte des vorigen Jahrhunderts in märkischen Städten und Dörfern gebaut wurden.

Schloß Hoppenrade

Ich fragte, wer das alles gebaut und bewohnt habe? Der Freund aber zuckte nur mit den Achseln und setzte zu vorläufigem Troste hinzu: »vielleicht, daß wir's unten von den Wänden lesen«.

MDCCLXX

Potsdam, Brandenburger Tor

Hier entstanden, hart am Ufer des Flusses hin, die alten Bistümer *Brandenburg* und *Havelberg*. Und wie die älteste Kultur hier geboren wurde, so auch die neueste. Von Potsdam aus wurde Preußen aufgebaut, von Sanssouci aus durchleuchtet. Die Havel darf sich einreihen in die Zahl deutscher Kulturströme.

Werder an der Havel, Heiliggeistkirche

Die Kirche »Zum Heiligen Geist«, auf der höchsten Stelle der Insel malerisch gelegen, war schon zwei Jahre vorher einem Neubau unterzogen worden; ob sie schönheitlich dadurch gewonnen hatte, wird zu bezweifeln sein; die Lehniner Mönche verstanden sich besser auf Kirchenbau als der Soldatenkönig. Jedenfalls verbietet sich jetzt noch eine Entscheidung in dieser Frage, da die Renovation von 1734 längst wieder einem *neuen* Umbau gewichen ist, einer wiederhergestellten, spitzenreichen Gotik, die, in der Nähe vielleicht mannigfach zu beanstanden, als Landschaftsdekoration aber (...) von seltener Schönheit ist.

Werder an der Havel, Michaelistraße/Kirchstraße

Kloster Lehnin

Kloster Lehnin, wär' es nach dem guten Willen seiner Schädiger gegangen, würde nur noch eine Trümmerstätte sein, aber das alte Mauerwerk erwies sich als fester und ausdauernder als alle Zerstörungslust, und so hat sich ein Teil des Baues, durch seine eigene Macht und Widerstandskraft, bis in unsere Tage hinein gerettet.

Rauener Berge, Markgrafenstein

Wirklich, ich war enttäuscht und würde, wenn es Moll vorgezogen hätte schlechtweg daran vorüberzufahren, im günstigsten Falle gedacht haben: »ei, ein großer Stein.« Und das sollte nun einer der berühmten Markgrafensteine sein, eines der sieben märkischen Weltwunder! Ich hatte mir diese Steine halb memnonssäulenartig oder doch wenigstens als ein paar von der Natur gebildete Riesenobelisken gedacht und sah nun etwas Zusammengekauertes daliegen, das genau den Eindruck eines toten Elefanten auf mich machte.

Kunersdorf
Itzenplitzsche Begräbnisstätte

Vielleicht die größte Sehenswürdigkeit von Schloß Cunersdorf ist die *Begräbnisstätte* für die Familie *Lestwitz-Itzenplitz.* Dieselbe liegt an der anderen Seite der Dorfstraße, und die verschlungenen Pfade eines Obstgartens – an Blumenbeeten und dem hohen Schilf eines kleinen Teiches vorbei – führen zu dieser Stätte hin. Eine hohe Schwarztanne, deren Zweige weit in den Friedhof hineinragen, bezeichnet den Eingang. Dieser Friedhof, den eine ziemlich niedrige Feldsteinmauer umfaßt, erinnert zumeist an die Begräbnisstätten der Familie *Marwitz* in Friedersdorf und der Familie *Humboldt* in Tegel. Mit beiden hat er eine gewisse Eigentümlichkeit der Anlage gemein, und wenn er vielleicht einerseits hinter der christlich-poetischen Schlichtheit des einen, wie anderseits hinter der klassisch-ästhetischen Feinheit des andern zurückbleibt, so übertrifft er doch beide sowohl durch Mannigfaltigkeit wie durch den Reichtum des künstlerisch Gebotenen. Die Anlage, wenn ich nicht irre von Frau *von Friedland* herrührend, die auch hierin die Selbstständigkeit ihres Wesens zeigte, ist folgende. An der Einfassung entlang, aber diese bedeutend überragend, zieht sich, wie ein solider Wandschirm, ein Stück Mauerwerk entlang, dessen Rückseite glatt ist, während die Front (der Begräbnisstätte zugekehrt) eine Anzahl von Nischen zeigt. Einfache Säulen fassen nach links und rechts diese Nischen ein und tragen einen wenig vorspringenden Sims. Zu Füßen jeder Nische liegt ein Grabstein, während in der Nische selbst die Aschenkrüge mit den Reliefbildnissen der Verstorbenen oder sonstige Mementos stehen. Um die Grabsteine rankt sich Efeu; Geißblatt und Immergrün steigen zu den Säulen empor. Die ganze Anlage hat den Vorteil, daß sie sich ohne Mühe durch Anbau einer neuen Nische erweitern läßt. Der Bau, wie er jetzt ist, besteht aus neun Nischen.

Wust, Kirche. Grab Hans Hermann v. Kattes

Wir standen jetzt so, daß wir durch Heben und Senken unserer zwei Kerzen die prächtigsten Sarkophage: den Steinsarg des Feldmarschalls und rechts und links daneben die Särge seiner beiden Gemahlinnen ohne Mühe sehen und ihre Ausschmückung bewundern konnten. Aber wo stand *Hans Hermann*? Wir taten scheu die Frage, die der Diener seinerseits ohne jegliches Bedenken aufnahm und abermals voranschritt. Wir folgten ihm, nach links hin, bis in die Ecke des Raums. Die Särge standen hier minder dicht. Einer unter ihnen war ein schlichter, langer Holzsarg, dessen Farbe teils abgegriffen, teils abgesprungen war. *Das war er.* Der Diener gab mir den Leuchter, faßte den Deckel und schob ihn beiseite.

Köpenick, Schloß, Wappensaal

Der Tag, an dem die Kriegsgerichtssitzung im *Wappensaale zu Cöpenick* stattfand, war der 28. Oktober 1730. (...) Die das Kriegsgericht bildenden sechzehn Offiziere lehnten einen Rechtsspruch über den Kronprinzen einfach ab und verurteilten den Lieutenant v. Katte zu lebenslänglichem Festungsarrest. Der König stieß dies Urteil um. (...)

»Wenn das Kriegsrecht dem Katten die Sentence publicirt, soll ihm gesagt werden, daß es Sr. K. M. leid thäte, es wäre aber besser, daß er stürbe, als daß die Justiz aus der Welt käme. F. Wilhelm«

EMIL ILLAIRE
Geheimer Kabinetsrath
LUISE ILLAIRE
GEB. MARTINS

Bornstädt, Friedhof

Die Bornstädter Basilika samt Säulengang und Etagenturm ist ein Schmuck des Dorfes und der Landschaft; aber was doch weit über die Kirche hinausgeht, daß ist ihr *Kirchhof,* dem sich an Zahl berühmter Gräber vielleicht kein anderer Dorfkirchhof vergleichen kann. Wir haben viele Dorfkirchhöfe gesehen, die um ihres landschaftlichen oder überhaupt ihres poetischen Zaubers willen einen tieferen Eindruck auf uns gemacht haben; wir haben andere besucht, die historisch den Bornstädter Kirchhof insoweit in Schatten stellen, als sie *ein* Grab haben, das mehr wiegt als alle Bornstädter Gräber zusammengenommen; aber wir sind nirgends einem Dorfkirchhofe begegnet, der solche Fülle von Namen aufzuweisen hätte.

Springbrunnen auf der Pfaueninsel

Das kleine Eiland stand damals (1830) auf seiner Höhe. »Eine Fahrt nach der Pfaueninsel«, so durfte Kopisch wohl schreiben, »galt den Berlinern als das schönste Familienfest des Jahres und die Jugend fühlte sich überaus glücklich, die munteren Sprünge der Affen, die drollige Plumpheit der Bären, das seltsame Hüpfen der Känguruhs hier zu sehn. Die tropischen Gewächse wurden mit manchem Ach! des Entzückens bewundert. Man träumte in Indien zu sein und sah mit einer Mischung von Lust und Grauen die südliche Tierwelt: Alligatoren und Schlangen, ja das wunderbare Chamäleon, das opalisierend oft alle Farben der blühenden Umgebung widerzuspiegeln schien.«

Meine eigenen Kindheitserinnerungen, wie ich sie eingangs ausgesprochen, finden in dieser Schilderung ihre Bestätigung.

Schermützelsee

Nirgends ein Fischerboot, das Netze zog oder Reusen steckte, ja kaum ein Vogel, der über die Fläche hinflog. Oft hielt ich an, um zu horchen, aber die Stille blieb und ich hörte nichts als den Windzug in den Binsen und das leise Klatschen der Wellen.

Das Oderbruch von Lebus

Buckow, Märkische Schweiz

Buckow hat einen guten Klang hierlands, ähnlich wie Freienwalde, und bei bloßer Nennung des Namens steigen freundliche Landschaftsbilder auf: Berg und See, Tannenabhänge und Laubholzschluchten, Quellen, die über Kiesel plätschern und Birken, die vom Winde halb entwurzelt, ihre langen Zweige bis in den Waldbach niedertauchen.

Ja, Buckow ist schön, aber doch mit Einschränkung. Es hängt alles davon ab, ob wir Buckow die *Gegend* oder Buckow die *Stadt* meinen; – allen Respekt vor jener, aber Vorsorge gegen *diese*. Seine Häuser kleben wie Nester an Abhängen und Hügelkanten und sein Straßenpflaster, um das Schlimmste vorwegzunehmen, ist lebensgefährlich. Es weckt mit seiner hals- und wagenbrechenden Passage die Vorstellung, als wohnten nur Schmiede und Chirurgen in der Stadt, die schließlich auch leben wollen. Von Löchern ist längst keine Rede mehr; wo dergleichen waren, sind sie zu einer rinnenartigen Vertiefung geworden und als Friedrich Wilhelm IV. vor einer Reihe von Jahren Buckow passierte, sah sich die Kommune veranlaßt, die Hauptstraße der Stadt fußhoch mit Sand bestreuen zu lassen. Dieser Beschluß wurde aber nicht gleich gefaßt. Viele hatten vielmehr vorgeschlagen das Pflaster zu lassen wie es sei, um den König desto eher zu einer milden Beisteuer zu bewegen, in dankbarer Erinnerung »an Rettung aus Lebensgefahr«. Aber der Vorschlag mußte freilich scheitern, weil eben niemand diese Rettung als gesichert voraussagen durfte. So wurde denn Sand gestreut und das alte Pflaster der Stadt erhalten. Für schwache Achsen ist Buckow dasselbe was Wien für schwache Lungen ist, – keiner kommt heil heraus.

CENTRAL-HOTE

Hakenberg, Schlachtdenkmal

Wenn du reisen willst, mußt du die *Geschichte* dieses Landes *kennen* und *lieben.* Dies ist ganz unerläßlich. (...) Wer, unvertraut mit den Großtaten unserer Geschichte, zwischen Linum und Hakenberg hinfährt, rechts das Luch, links ein paar Sandhügel, der wird sich die Schirmmütze übers Gesicht ziehn und in der Wagenecke zu nicken suchen; wer aber weiß, hier fiel *Froben,* hier wurde das Regiment Dalwigk in Stücke gehauen, dies ist das Schlachtfeld von *Fehrbellin,* der wird sich aufrichten im Wagen und Luch und Heide plötzlich wie in wunderbarer Beleuchtung sehn.

Gusow,
Taufengel aus der (heute) abgebrannten Kirche

Die Pappelallee geleitet uns bergab und macht erst am Fuße des Hügels einem breiten Kastanienwege Platz, der uns bis an den Eingang des Dorfes führt. Dieses Dorf ist *Gusow*, eins der größten und vornehmsten jener alten Wendendörfer, die, lange vor der Urbarmachung, die sumpfige Niederung des Bruches in weitem Zirkel umspannten.

Köpernitz, Alter Friedhof

Müncheberg, an der Fernverkehrsstraße 1

Bornstädt, Basilika,
Grabplatte des Freiherrn von Gundling

Ein wunderliches Gebilde, das, in übermütigem Widerspruch mit Marmorkreuz und Friedensengel, den Ernst dieser Stunde wie ein groteskes Satyrspiel beschließt. Es ist dies das Grabdenkmal des bekannten Freiherrn Paul Jakob *v. Gundling,* der Witz und Wüstheit, Wein- und Wissensdurst, niedere Gesinnung und stupende Gelehrsamkeit in sich vereinigte, und der, in seiner Doppeleigenschaft als Trinker und Hofnarr, in einem *Weinfaß* begraben wurde. In der Bornstädter Kirche selbst, in der Nähe des Altars. Über seinem Grabe ließ König Friedrich Wilhelm I. einen Stein errichten, der trotz des zwiefachen Neubaus, den die Kirche seitdem erfuhr, derselben erhalten blieb. Dies Epitaphium, ein Kuriosum ersten Ranges, bildet immer noch die Hauptsehenswürdigkeit der Kirche.

Herr Jacob
Wißenschafften Hoff- und Chamer-Gerichts-Rath,
auch Historiographus etc:
Welcher,
von allen die Ihn gekant haben,
wegen Seiner Gelahrsahmkeit bewundert,
wegen Seiner Redlichkeit gepriesen,
wegen Seines umgangs geliebet,
und wegen Seines Todes beklaget worden.
Anno 1731.

Möglin

Etwa eine halbe Meile vom Westrande des Oderbruchs entfernt liegt Moeglin, ein nur zwölf Häuser zählendes, weder durch Größe noch Bodenbeschaffenheit ausgezeichnetes Dorf, dem nichtsdestoweniger der Ruhm zufiel, in alter und neuer Zeit unter den historischen Dörfern des Landes genannt zu werden. (...)

Den Mittelpunkt des Ganzen bildet ein Teich, den nach rechts hin hohe Schilfwände, nach links hin hohe Erlenbäume umfassen. Diesseits des Teichs, neben der Stelle, wo wir uns befinden, steht die alte Feldsteinkirche, von einer Linde, die nicht viel jünger sein mag als die Kirche selbst, überschattet.

Berlin Tegel, Humboldt-Schlößchen,
Zimmer Caroline v. Humboldts

Berlin Tegel,
Begräbnisstätte der Familie von Humboldt

Aber ich durfte den *einen* Punkt nicht unberührt und ungenannt lassen, der, unter allen märkischen Edelsitzen, *dieses* Schloß und *diesen* Friedhof zu einem Unicum macht. Die märkischen Schlösser, wenn nicht ausschließlich *feste Burgen* altlutherischer Konfession, haben abwechselnd den Glauben und den Unglauben in ihren Mauern gesehen; straffe Kirchlichkeit und laxe Freigeisterei haben sich innerhalb derselben abgelöst. Nur Schloß Tegel hat ein *drittes* Element in seinen Mauern beherbergt, *jenen Geist,* der, gleich weit entfernt von Orthodoxie wie von Frivolität, sich inmitten der klassischen Antike langsam, aber sicher auszubilden pflegt und lächelnd über die Kämpfe und Befehdungen beider Extreme, des Diesseits genießt und auf das rätselvolle Jenseits *hofft.*

BERNHARD von BUELOW
GEB. VIII JUNI MDCCCXXVIII
GEST. XVII OCTOBER MDCCCLXXXIX
ADELHEID von BUELOW
GEB: XVI OCTOBER MDCCCXXIII
GEST: XXI DECEMBER MDCCCLXXXIX
EDUARD EMIL THEODOR
von HUMBOLDT DACHERODEN
ADELHEID von HEDEMANN
GEB. von HUMBOLDT

Gnewkow, Kirchhof

Blumberg, Kirchhof

Blumberg ist ein freundliches Dorf, fast so freundlich wie sein Name und gerade groß genug, um uns die Versicherung alter Urkunden glauben zu machen, »daß Blumberg vordem ein Städtchen, ein *oppidum* gewesen sei«.

Geltow an der Havel

Geltow war immer arm; dieser Charakter verblieb ihm durch alle Zeiten hin, und die schlichten Wände seiner Kirche, deren wir eben ansichtig werden, mahnen nur zu deutlich daran, daß die Pfarre, um die Mitte des vorigen Jahrhunderts, 200 Taler trug.

Lebus

Lebus, die Kathedralenstadt, ist hin, aber Lebus, das vor dreihundert Jahren einen *fleißigen Weinbau* trieb, *das* Lebus existiert noch. Wenigstens landschaftlich. Nicht daß es noch Wein an seinen Berglehnen zöge, nur eben der malerische Charakter eines Winzerstädtchens ist ihm erhalten geblieben.

Die Stadt, so klein sie ist, zerfällt in eine Ober- und Unterstadt. Jene streckt sich, so scheint es, am First des Berges hin, diese zieht sich am Ufer entlang und folgt den Windungen von Fluß und Hügel. Zwischen beiden, am Abhang, und wie es heißt an selber Stelle, wo einst die alte Kathedrale stand, erhebt sich jetzt die Lebuser Kirche, ein Bau aus neuer Zeit.

Lebus

Die »Unterstadt« hat Höfe und Treppen, die an das Wasser führen; die »Oberstadt« hat Zickzackwege und Schluchtenstraßen, die den Abhang bis an die Unterstadt hernieder steigen. Auf diesen Wegen und Straßen bewegt sich ein Teil des städtischen Lebens und Verkehrs. Gänse und Ziegen weiden dort unter Gras und Gestrüpp; Frauengestalten, zum Teil in die malerische Tracht des Oderbruchs gekleidet, schreiten bergab.

MEINE GRÄBER

Kein Erbbegräbnis mich stolz erfreut,
Meine Gräber liegen weit zerstreut,
Weit zerstreut über Stadt und Land,
Aber all in märkischem Sand.

Verfallene Hügel, die Schwalben ziehn,
Vorüber schlängelt sich der Rhin,
Über weiße Steine, zerbröckelt all,
Blickt der alte Ruppiner Wall,
Die Buchen stehn, die Eichen rauschen,
Die Gräberbüsche Zwiesprach tauschen,
Und Haferfelder weit auf und ab –
Da ist meiner Mutter Grab.

Und ein andrer Platz, dem verbunden ich bin:
Berglehnen, die Oder fließt dran hin,
Zieht vorüber in trägem Lauf,
Gelbe Mummeln schwimmen darauf;
Am Ufer Werft und Schilf und Rohr,
Und am Abhange schimmern Kreuze hervor,
Auf eines fällt heller Sonnenschein –
Da hat mein Vater seinen Stein.

Der dritte, seines Todes froh,
Liegt auf dem weiten Teltow-Plateau,
Dächer von Ziegel, Dächer von Schiefer,
Dann und wann eine Krüppelkiefer,
Ein stiller Graben die Wasserscheide,
Birken hier, und da eine Weide,
Zuletzt eine Pappel am Horizont,
Im Abendstrahle sie sich sonnt.
Auf den Gräbern Blumen und Aschenkrüge,
Vorüber in Ferne rasseln die Züge,
Still bleibt das Grab und der Schläfer drin –
Der Wind, der Wind geht drüber hin.

Neutornow

Neuruppin

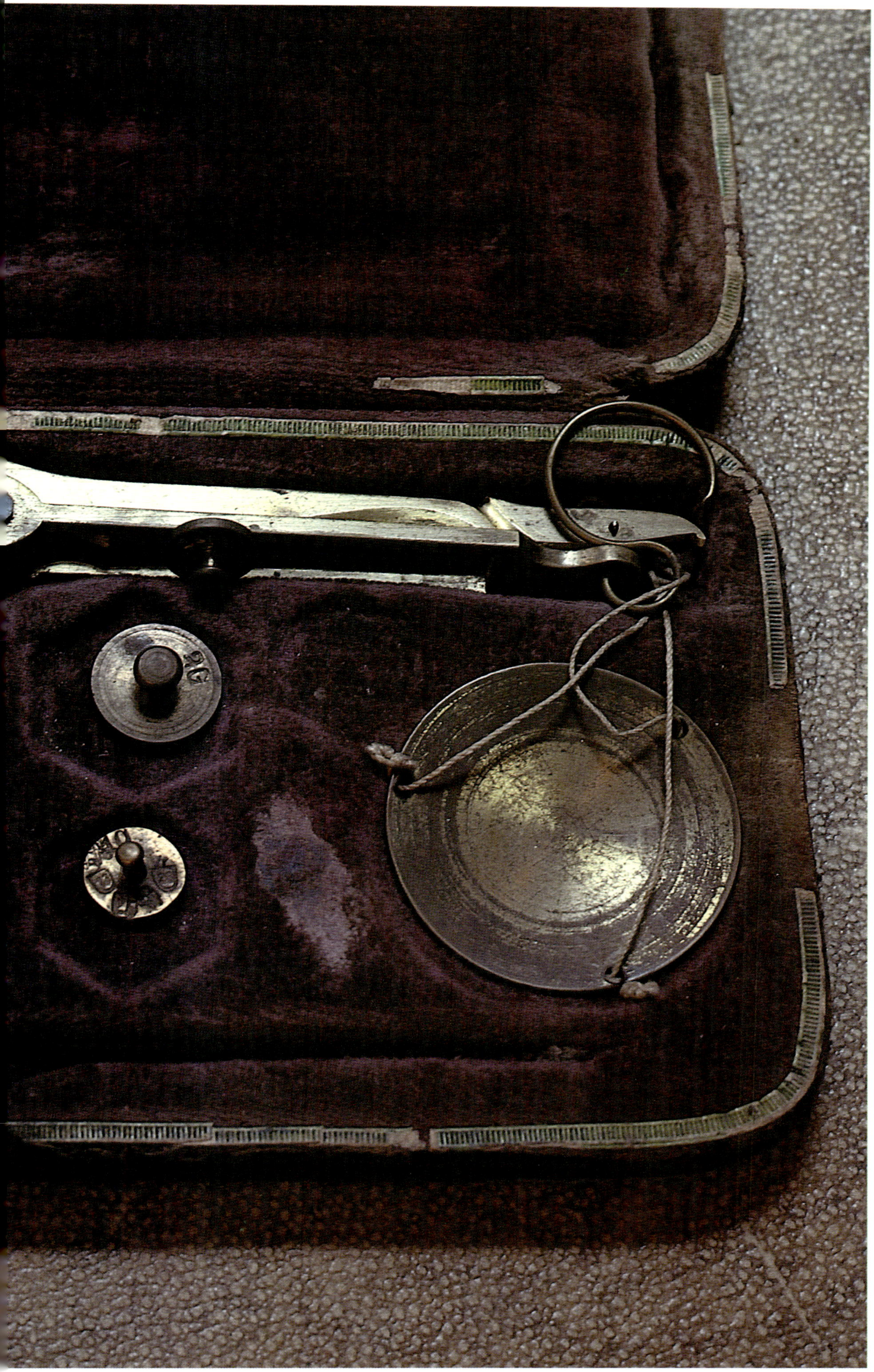

Fontanes Apothekerwaage

Manuskripte der ›*Wanderungen*‹

An Wilhelm Hertz

Nachmittag [24. November 1861].
Sehr geehrter Herr Hertz.

Ich bin innerlich tief-müde seit Monaten, vielleicht seit dem Moment schon wo ich von England als eine geschlagene Truppe zurückkam und bin seitdem (halb auch aus einer Art Klugheit, oder aus dem Instinkt: »wozu? es hilft ja doch alles nichts«) halb unfähig, halb unlustig Dinge *mit Feuer* in Angriff zu nehmen. Ich darf sagen: ich hab es *verlernt.* So kommt es, daß mich Ihr liebenswürdiger Eifer halb rührt und halb erschrickt. Ich kann nicht mit; mir fehlt ein Stück Lungenflügel. Ich bitte Sie freundlichst die Bücher zu schicken, Sie können es in der That auch leichter, da Sie alle die Herren kennen, während ich doch genöthigt wäre mich erst in Positur zu setzen und als Schüler, wohl erwogen und wohl überlegt, an die verschiednen Meister zu schreiben.

Mich ängstigt noch ein zweites und dies ist wirklich wichtig: theils das Lob das das Buch findet, noch mehr vielleicht der souveraine Tadel den B. H. dagegen ausgesprochen hat, sind auf dem Punkt mein Buch auf eine falsche Leitersprosse zu stellen, auf eine Staffel, die es nicht beansprucht.

Verzeihen Sie, wenn ich vielleicht oft Gesagtes noch einmal sage. Das Buch entstand in unmittelbarer Folge meiner Reisen durch England und Schottland; ich hatte einfach vor, *ohne jegliche Prätension von Forschung, Gelehrsamkeit, historischem Apparat* etc. meinen Landsleuten zu zeigen, daß es in ihrer nächsten Nähe auch nicht übel sei und daß es in Mark Brandenburg auch historische Städte, alte Schlösser, schöne Seen, landschaftliche Eigenthümlichkeiten und Schritt für Schritt tüchtige Kerle gäbe. So entstand das Buch *»wandernd, plaudernd, reise-novellistisch«* wie ich mich in meinem Briefe an B. H. ausgedrückt habe. Erst als das Buch halb fertig war, fing ich an, unter Beibehaltung leichter, feuilletonistischer Form mich in meine Aufgabe zu vertiefen und so sind schließlich verschiedne Arbeiten entstanden, *die absolut Neues bringen* und in ihrem Kern weit über das blos Unterhaltliche hinausgehend, unsre Spezial-Geschichte in der That bereichern. Diese Arbeiten sind das Beste was über die betreffenden Dinge und Personen existirt, weil eben nichts existirt als das was ich darüber gesagt habe. Hierher rechne ich vor allem: »der Hof des Prinzen Heinrich von 1786–1802«; ferner *stellenweis*: Wustrau, Carwe, Kronprinz Friedrich in Ruppin, Schloß Coepenick, Schloß Oranienburg, Küstrin; auch, nach literarhistorischer Seite hin: Werneuchen. Die eigentlichen Rheinsberg-Aufsätze aber bringen einem Historiker gar nichts Neues (mit Ausnahme des Aufsatzes über die Rheinsberger Kirche) und gehören noch ganz der Epoche an, wo ich blos plaudern wollte. Das große Publikum kann diesen Unterschied nicht merken wohl aber unsre märkischen Historiker. Ich bitte deshalb, daß Sie in Ihren Briefen an diese Herrn ja betonen was dies Buch eigentlich sein will, sonst nimmt man die Elle zu lang und befindet es zu kurz. Und nun muß ich mich anziehn um – in den Tunnel zu stürzen. Schreckliches Wort für mich: »stürzen«. Festina lente ist mein Wahlspruch.

Ihr Th. F.

Anhang

Nachbemerkung des Autors

Es war irgendwann Anfang der siebziger Jahre, als mein Freund und Kollege Arno F., einer der wenigen bedeutenden deutschen Photo-Künstler, mich auf seinen »Landsitz« nördlich von Berlin einlud.

Was ich mir unter »Landsitz« vorstellen sollte, wußte ich nicht recht. Ich wußte nur, daß er – als eine Art Verlegenheitslösung – anstelle einer richtigen »Datsche«, die nicht zu finden war, für die lächerliche Summe von 27 Mark im Monat gemietet war und in einem verfallenden Schloß lag.

Den Namen des Schlosses erfuhr ich erst, als ich davorstand: »Hoppenrade«.

Es klang vertraut, aber ich kam nicht gleich darauf: »Ich fragte, wer das alles gebaut und bewohnt habe? Der Freund aber zuckte mit den Achseln und setzte zu vorläufigem Troste hinzu ›vielleicht daß wir's unten auf den Wänden lesen‹« (Theodor Fontane, *Fünf Schlösser,* Bd. II 3, S. 142).

Aber »unten auf den Wänden« fanden wir nichts, und mir wollte es noch immer nicht einfallen. Im Keller fanden wir nur ein paar Kinder, die auf einem Klavier herumhämmerten, das in einem ebensolchen Zustand war wie das ganze Schloß.

Am Abend, zu Hause, fand ich es dann: ich war da gewesen, wo Th. F. dem Schicksal der Krautentochter nachgespürt und seine Frage gestellt hatte.

Als ich das nächste Mal nach Hoppenrade kam, in großer Aufregung und Erwartung, ging es mir wieder wie Th. F.: »nicht ganz ohne Neugier und Erregung war es, daß ich nach dem verwunschenen Schlosse hinaussah...« (ebd., S. 141).

Seine Magie hat Hoppenrade nie für mich verloren. Es sind vielleicht gar nicht so viele Tage, Abende, Nächte gewesen, die ich dort verbracht habe, aber sie hatten ihre eigene Dimension, und wir brauchten eigentlich all den Alkohol nicht, um betrunken zu werden von dem verwunschenen Platz.

Nach einigen Andeutungen über sehr dunkle Vorgänge im »Dritten Reich« gab ich es auf, der jüngeren Geschichte Hoppenrades und der Mark nachzuspüren. Ich wundere mich seit langem, warum dies nicht ein neuer Fontane mit mehr Persistenz tut: einer, der anhand der Geschichte der Mark, die ja auch das Mark Deutschlands ist, die Geschichte unseres Landes schreibt, und damit die Geschichte Europas, das unser Land mit in den Malstrom zu ziehen versuchte.

Vielleicht geht es nicht jedem so: aber ich brauchte das Erlebnis der Ferne, um die Nähe zu schätzen. Je mehr mir der Aufenthalt in fremden Ländern – in denen ich mich im letzten Jahrzehnt weit länger aufhielt als zu Hause – zur Routine wurde, desto mehr gewann die Mark Brandenburg einen Reiz für mich, den ich nur exotisch nennen kann.

Ende der Sechziger war sie für mich, einen klaustrophobischen Westberliner, noch das unendlich weite Umland der »Besonderen Einheit West-Berlin« gewesen und verkehrte sich nun, in einem Blick aus der Ferne und Weite, in etwas mit dem besonderen Reiz der Enge und Nähe.

Ich mußte nicht überzeugt werden, daß es »in der nächsten Nähe auch nicht übel sei« (Theodor Fontane an Hertz, 24.11.1861).

Das Eingangskapitel dieses Buches ist mit seinem Übergehen der Bilder von Loch Leven Castle auf Rheinsberg Fontanes Einstieg nachgestaltet: es soll ihn nachfühlbar machen. Das Déjà-vu-Erlebnis von Hoppenrade hat sich später, als ich nun wirklich mit einem Exemplar der *Wanderungen* in der Hand mir die Mark erschloß, noch manches Mal wiederholt. Nicht vergessen sei dabei Günther Dahl, der – selbst inspiriert von der Mark – ein Inspirator war, und dem ich an dieser Stelle danken möchte.

Im Vergleich zu Fontane, der dafür mehr als ein halbes Leben brauchte, hat mich dieses Buch wenig Zeit gekostet, obwohl zwischen den ersten und den letzten Aufnahmen eineinhalb Jahrzehnte liegen.

Daß das Buch dennoch zustande kam, erscheint mir wie ein Wunder, wenn ich die Ungunst der Umstände – um mich auf die allerallgemeinste Weise auszudrük-ken – bedenke. Aber kein Kunstwerk kommt ohne Unbeirrbarkeit und Entschlossenheit zustande, und Photographie ist stets auch eine Arbeit des Sammelns.

Ein Vergleich zu meiner im gleichen Verlag erschienenen Arbeit über *Goethes Italienische Reise* wird sich vielleicht aufdrängen. Ich sehe mehr Trennendes als Verbindendes: als einzig Gemeinsames, daß beide Bücher keine Reisebücher sind, sondern Studien über die Beziehung von Bild und Text.

Die Mark liegt in der Zeit, in einer, wenn auch mit Mühe, überwindbaren Entrückung. Goethes Italien hingegen liegt außerhalb der Zeit: Es ist ja nur zufällig Italien, da es Griechenland nicht sein konnte. Goethes Italien ist nur zum Teil im realen Italien angesiedelt, nur zum Teil erreist und erlebt – der Rest ist erträumt und durch den Traum erst Welt geworden. Die Mark aber ist Tag für Tag, Meile für Meile, erreist, erfahren, erwandert.

Michael Ruetz

Editorische Notiz

1859 kehrte Theodor Fontane, vierzig Jahre alt, »als eine geschlagene Truppe« (*Briefe,* Bd. IV 2, S. 51) aus England zurück und begann mit der Niederschrift der *Wanderungen.* 1889, dreißig Jahre später, erschien ein letzter Band, *Fünf Schlösser*; das Erscheinen der Buchausgabe des *Stechlin* im Jahr 1898 erlebte Fontane nicht mehr: Vom vierzigsten Lebensjahr an, nachdem der Traum vom besseren Auskommen in der Fremde zu Ende ist, wird die nächste Nähe, die Mark Brandenburg, für die zweite Lebenshälfte die Welt, in der sich (fast) alles abspielt. Die Mark, jahrelang erwandert und erforscht, wird Stoffquelle, Folie, Schauplatz für ein gewaltiges Werk, das nun, nach der Rückkehr, entsteht.

Tausende von Seiten umfassen allein die *Wanderungen* selbst. Schon Umfang und Entstehungszeit lassen ahnen, daß es sich hier um mehr als eine Sammlung beiläufiger Reisefeuilletons handelt. Das waren sie zunächst *auch*: Unmittelbar waren sie, so schreibt Fontane in geradezu koketter Bescheidenheit an seinen Verleger, für Landsleute gedacht, denen gezeigt werden sollte, »daß es in ihrer unmittelbaren Nähe auch nicht übel sei und daß es in Mark Brandenburg auch historische Städte, alte Schlösser, schöne Seen, landschaftliche Eigenthümlichkeiten und Schritt für Schritt tüchtige Kerle gäbe.« (*Briefe,* Bd. IV 2, S. 51).

Mittelbar sind die *Wanderungen* etwas anderes.

Die vom reisenden Autor vorgefundenen Gräber, Klöster, Seen und Schlösser – und die mit ihnen verbundenen Geschichten – bilden einen riesigen Steinbruch für den Geschichtenerzähler Theodor Fontane, der in den *Wanderungen* so oft den beschreibenden, notierenden Feuilletonisten ablöst, für den Autor der später entstehenden großen Romane. Sie sind Herzstück und Vorstudie zugleich.

Zu einer Zeit, in der weite Gebiete der Mark Brandenburg für uns zwar geographisch noch Nähe sein mögen, psychisch aber eher exotische Ferne geworden sind, ist auch das von Theodor Fontane Vorgefundene zu unvertrautem Gelände geworden.

Es ins Bild zu bringen, um so, über die Betrachtung seiner Gegenstände, Werk und Autor zum Gegenstand der Betrachtung zu machen, ist der Sinn dieses Buches.

Bilder und Texte pedantisch nach Ortsregister und Textchronologie der *Wanderungen* einander gegenüberzustellen, wäre nicht nur langweilig, sondern auch der Vielfalt der Stränge, die den realen Ort Mark Brandenburg mit der erfundenen Welt des Autors Fontane verbinden, nicht gerecht geworden.

So sind sie hier nach dem Prinzip des forschenden Hin- und Herblätterns, und dies nicht allein in den Bänden der *Wanderungen,* eher assoziierend als unmittelbar korrespondierend angeordnet. Die Auswahl ist, wie jede, subjektiv.

Erica Ruetz

Verzeichnis der Bilder
Quellenangaben

Zitiert wird nach: Theodor Fontane, *Werke, Schriften und Briefe,* herausgegeben von Walter Keitel und Helmuth Nürnberger.

Abteilung **I**: *Romane, Erzählungen, Gedichte*; Abteilung **II**: *Wanderungen*; Abteilung **III**: *Erinnerungen, Schriften, Kritiken*; Abteilung **IV**: *Briefe*; Carl Hanser Verlag.

Die ersten Ziffern weisen auf Abteilung und Band der Ausgabe hin, die folgenden sind die Seitenzahlen.